Reine MÄDCHEN-SACHE

arsEdition

Inhalt

Plötzlich ist alles so kompliziert

Wie bist du – und warum?   Seite 04
Mag dich, wie du bist!   Seite 06

Mein Körper, das unbekannte Wesen

Sorry, ich bin in der Pubertät!   Seite 08
Diese verflixten Hormone!   Seite 10
Autsch! Ich bekomme einen Busen! Seite 12
Cool! Mein erster BH!   Seite 14
Igitt! Ich müffel wie ein Büffel! Seite 16
Hilfe! Wie bekämpft man einen Urwald? Seite 18
Ätzend! Ein Pickel!   Seite 20
SOS! Fettige Haare!   Seite 22
Hoppla! Woher kommt das Blut?   Seite 24
So überstehst du deine Tage   Seite 26
Chaos im Teenie-Hirn   Seite 28
Test: Was hilft gegen miese Laune? Seite 30

Die Sache mit den Jungs

Sind Jungs Spätzünder?   Seite 32
Jungs ticken anders   Seite 34
Total verknallt!   Seite 36
Test: Welcher Junge passt zu mir? Seite 38

Von Freundinnen – und Feindinnen

Niemand ist gerne alleine   Seite 40
Von BFF und ABF   Seite 42
Test: Bin ich die perfekte Freundin? Seite 44
Freunde für die Ewigkeit   Seite 46

Die Clique — Seite 48
Test: Tust du immer, was andere dir sagen? — Seite 50
Viel Spaß im Internet! — Seite 52
Liebe im Netz — Seite 54
Von fiesen Feiglingen — Seite 56

Doofe Eltern, blöde Schule?

Warum nerven meine Eltern so? — Seite 58
Immer nur Zoff — Seite 60
Geht es nicht auch ohne Regeln? — Seite 62
Test: Bin ich wirklich so ungenießbar? — Seite 64
Keine Lust auf Schule? — Seite 66
Ich bin ein Morgenmuffel! — Seite 68

Spieglein, Spieglein an der Wand ...

Ich will schön sein! — Seite 70
Soll ich mich schon schminken? — Seite 72
Dünn wie Barbie? — Seite 74
So fühlst du dich rundum wohl — Seite 76
Immer hübsch in Bewegung bleiben! — Seite 78
Kleider machen Mädchen — Seite 80
Schicke Tricks und Kniffe — Seite 82

Mit Vollgas ins Leben

Was darf ich ab welchem Alter? — Seite 84
Was sonst noch im Gesetzbuch steht — Seite 86
Taschengeld — Seite 88
Mein eigenes Reich — Seite 90
Hinfallen. Aufstehen. Krone richten. Weitergehen. — Seite 92

Glossar

Glossar — Seite 94

Plötzlich ist alles so kompliziert

wie bist du – und warum?

Warum kommst du in letzter Zeit morgens bloß so schwer aus dem Bett? Warum machst du deine Hausaufgaben jetzt oft auf den allerletzten Drücker? Und warum wirst du knallrot, wenn dich ein Junge anspricht? Das war doch vor ein paar Monaten noch gar nicht so.
Auf einmal ist alles anders. Aber – warum?!
Die Antwort ist einfach: Du wirst allmählich erwachsen – und DAS ist überhaupt nicht einfach!

Dein Körper – eine Baustelle

Stell dir deinen Körper am besten wie eine riesige Baustelle vor. An allen Ecken und Enden wird nun kräftig gearbeitet: Du wirst plötzlich ein ganzes Stück größer. Du bekommst einen Busen. Deine Hüften werden runder. Scham- und Achselhaare sprießen. Sogar dein Gehirn verändert sich. Das ist alles ganz schön anstrengend für dich!

Wie lange wird an mir herumgebastelt?

Die Jahre, in denen du erwachsen wirst, nennt man »Adoleszenz«. Bei Mädchen fängt diese Zeit mit etwa zehn Jahren an und dauert ungefähr bis zum 20. Geburtstag. Zugegeben, so eine lange Bauzeit ist ätzend. Aber – es kommt ja auch was Hübsches dabei heraus!

So ein Durcheinander!

Auf deiner Baustelle geht es drunter und drüber. Darum ist es auch normal, dass du dich jetzt oft unsicher fühlst. Acht von zehn Mädchen finden sich sogar richtig hässlich und doof.

Und wer sich selbst nicht leiden kann, der zickt schon mal rum. Lachen und Weinen liegen bei dir deshalb sehr nahe beieinander.

Cool sind immer die anderen

Ob du es glaubst oder nicht: Selbst das coole blonde Girl aus der Parallelklasse, das du so bewunderst, liegt zu Hause manchmal auf dem Bett und wünscht sich, jemand ganz anderes zu sein. Wer weiß – vielleicht will es sogar so sein wie du?

Blitztipp

Du kannst dich gerade überhaupt nicht ausstehen?
Dann stell dich sofort vor einen Spiegel und streck dir selbst die Zunge raus (wenn du möchtest, darfst du dich auch mit allen üblen Schimpfwörtern anbrüllen, die du so kennst). Wetten, dass du anfangen musst zu lachen?

Mag dich, wie du bist!

Zugegeben: Sich selbst zu mögen, ist nicht leicht. Darum darfst du hier ein bisschen träumen. Stell dir vor, du dürftest mit einem großen Star tauschen.

Endlich ein Star sein!
Wer würdest du am liebsten sein?

....

Doch mal ehrlich: Wäre es wirklich so schön, jemand anderes zu sein? Jeden Tag? Dein ganzes Leben lang?

Denk mal

Am glücklichsten ist jeder Mensch, wenn er sein darf, wie er ist. Ohne Show und ohne Theater.

Wer bin ich eigentlich?

Wer sich selbst gut kennt, fühlt sich gleich ein bisschen besser. Hier sind ein paar Fragen, die dir helfen, über dich nachzudenken:

1. Was machst du am liebsten?
2. Was findest du an dir gut?
3. Warum mögen dich deine Freunde?
4. Worüber lachst du gerne?
5. Was kannst du besonders gut?
6. Würdest du auf einer einsamen Insel überleben?

Ist dir beim Beantworten der Fragen etwas aufgefallen? Du hast jede Menge Stärken und liebenswerte Seiten! Hab also einfach Vertrauen in dich selbst. Dann werden auch viele deiner Pläne für die Zukunft wahr.

Pläne für die nächste Zeit

1. ....

2. ....

3. ....

So, und jetzt schaut bei dir noch schnell eine gute Fee vorbei und schenkt dir drei Wünsche für dein Leben. Überlege dir die Antworten gut.
So eine Chance gibt es nicht jeden Tag!

Drei Lebenswünsche

1. ....

2. ....

3. ....

Mein **Körper**, das unbekannte Wesen

Sorry, ich bin in der Pubertät

Das Wort »Pubertät« hast du in letzter Zeit wahrscheinlich schon so oft gehört, dass es dir zu den Ohren rauskommt. Wenn deine Eltern seufzen: »Hilfe, unsere Tochter pubertiert!« – dann bedeutet das übersetzt: »Hilfe, unsere Tochter benimmt sich unmöglich!«

Was heißt eigentlich Pubertät?

Der Begriff »Pubertät« hat nichts mit blödem Benehmen zu tun. Er kommt aus der lateinischen Sprache und heißt übersetzt: beginnende Geschlechtsreife. Denn du entwickelst dich jetzt vom Mädchen zur jungen Frau, die Kinder bekommen kann.

Denk mal

Die Pubertät dauert nicht so lange wie die Adoleszenz. Schon mit etwa 12 bis 14 Jahren bist du geschlechtsreif – aber noch lange nicht erwachsen.

Teenager nagen nicht am Tee
Der Begriff »Teenager« kommt aus den USA. »Teen«
ist die Endung der Wörter thirteen bis nineteen und
»age« heißt »Alter«. Teenager bist du also im Alter
zwischen 13 und 19.

Bin ich zu spät dran?

Die Pubertät beginnt nicht bei allen Mädchen im selben Alter. Manche
bekommen schon mit neun Jahren ihre erste Periode, andere dagegen erst
mit 14 oder 15 Jahren. Wenn bei deiner besten Freundin alles kräftig
wächst, während sich bei dir noch nichts tut – keine Panik! Das ist alles
ganz normal!

Wilde Rüpel!

Nein, ausnahmsweise ist hier nicht von dir die Rede. Sondern von jungen
Hunden. Wusstest du, dass auch Bello und Wuffi in die Pubertät kommen?
Das passiert mit ungefähr neun Monaten. Auch Hunde werden dann für
einige Zeit ziemlich frech und flegelhaft! Sie wollen zeigen, wie mutig und
stark sie sind, und folgen nur ungern den Kommandos ihrer Herrchen und
Frauchen. Auch diese Pubertät ist also ziemlich anstrengend ...

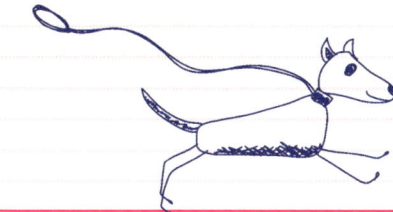

Diese verflixten Hormone!

Jede Pubertät beginnt zuerst im Kopf. Denn die meisten Veränderungen, die dein Körper in den nächsten Jahren erlebt, werden von dort aus gesteuert. Eine kleine Stelle des Gehirns löst damit deine sexuelle Reifung aus.

Wie funktioniert das mit den Hormonen?

Sobald du alt genug dafür bist, sendet die sogenannte Hirnanhangdrüse eine besondere Art von Hormonen aus. Diese Hormone werden über das Blut in andere Teile deines Körpers gespült. Vor allem in deinen Eierstöcken befehlen sie: »Hey! Stellt schnell jede Menge Geschlechtshormone her! Dieses Mädchen soll erwachsen werden!« So beginnt der Körper Östrogen zu produzieren ... und in dir beginnt die Uhr der Pubertät zu ticken.

E-Mails des Körpers

Hormone sind winzig kleine Botenstoffe. Der Körper stellt sie in Drüsen selbst her. Dann schickt er sie über das Blut zu den Stellen, wo sie gebraucht werden. Dort geben die Hormone dem Körper wichtige Befehle.

Bin ich schön?

Die Hormone sorgen nicht nur dafür, dass sich dein Körper verändert. Du fühlst und denkst jetzt auch anders. Plötzlich ist dir wichtig, wie du aussiehst. Also stehst du stundenlang vor dem Spiegel, willst dich schminken und die tollsten Klamotten tragen.

Außerdem achtest du nun viel mehr darauf, was deine Freudinnen anhaben und wie sie sich verhalten. Das war dir bisher ziemlich egal. Aber in der Pubertät vergleichst du dich gerne mit anderen.

Die Sache mit den Jungs

Die Hormone in deinem Körper sorgen sogar dafür, dass dir jetzt plötzlich wichtig ist, was die Jungs von dir halten. Dauernd fragst du dich: Finden sie mich hübsch? Mögen sie mein Lachen? Lädt mich vielleicht einer von ihnen zum Eisessen ein? Oder ins Kino?

Die Pubertät ist also eine spannende Zeit. Du brauchst vor ihr keine Angst zu haben. Denn mal ehrlich: Wer wird sich schon von winzigen Hormonen ärgern lassen! Und die Sache mit den Jungs wird auch noch ganz lustig ...

Autsch!
Ich bekomme einen Busen!

Spürst du jetzt manchmal, dass deine Brüste wehtun? Vielleicht, wenn dir beim Sport ein Ball dagegenprallt? Oder wenn du im Bett auf dem Bauch liegst? Herzlichen Glückwunsch – du bekommst einen Busen!

Wie die Brüste wachsen

Zuerst werden deine Brustwarzen größer. Die Haut darum herum wölbt sich nach außen und wird dunkler. Schließlich beginnt der Busen selbst zu wachsen. Dabei kann es sogar passieren, dass eine Brust schneller wächst als die andere. Doch du wirst kein Zombie: Spätestens am Ende der Pubertät sind beide Brüste fast gleich groß (ganz gleich sind sie nämlich bei den allerwenigsten Frauen!).

AUTSCH! Wenn die Brüste wachsen, sind sie sehr empfindlich. Sie schmerzen bei Berührungen, fast so, als hättest du einen blauen Fleck. Sobald dein Busen ausgewachsen ist, tut er aber nicht mehr weh.

Wozu ist ein Busen überhaupt gut?

Der Busen ist ein Zeichen dafür, dass du zur Frau wirst. Die Hormone lassen deinen Körper jetzt weiblicher werden.

Aus dem Busen kommt später die Milch für ein Baby. Das passiert aber nur, wenn eine Frau ein Baby geboren hat. Und sobald das Kind groß genug ist und keine Muttermilch mehr trinkt, hört die Brust auf, Milch herzustellen. Kein Baby – keine Milch.

Doofe Sprüche – nervige Blicke

Jungs bekommen keinen Busen. Ob sie deshalb die Brüste der Mädchen so aufregend finden? Jedenfalls schauen sie wahnsinnig gerne dorthin. Und doofe Sprüche machen sie auch darüber. Am besten tust du so, als würdest du das nicht bemerken. Und wenn es dir doch stinkt – bestimmt hilft es dir, mit deiner besten Freundin darüber zu reden. Geteiltes Leid ist halbes Leid.

Ist mein Busen zu klein?

Gerade in der Pubertät beschattigt viele Mädchen die Größe ihrer Oberweite. Sie freuen sich, einen Busen zu bekommen – und möglichst groß werden soll er auch! Aber es gibt keinen zu kleinen Busen. Kleine Brüste sind später genauso »funktionstüchtig« wie große. Wie groß oder klein dein Busen werden wird, kannst du auch gar nicht beeinflussen. Es ist von Geburt an festgelegt. Deine Brüste wachsen übrigens, bis du etwa 18 Jahre alt bist. Da wird sich also noch einiges tun.

Kleine Brüste haben Vorteile

☆ Sie stören nicht beim Sport, wie es ein großer Busen oft tut.
☆ Du bekommst nicht so leicht Rückenschmerzen, wie Mädchen mit schwerem Busen.
☆ Du siehst schlank aus!

Cool! Mein erster BH!

BH ist die Abkürzung für Büstenhalter. Ein BH soll deine Brüste also halten, stützen und formen.

Viele Mädchen können es gar nicht erwarten, endlich einen BH tragen zu dürfen. Denn erst mit ihm fühlen sie sich richtig erwachsen. Aber mal ehrlich – ob das wirklich von diesem Stückchen Stoff abhängt?

Ab wann brauche ich einen BH?

Solange dein Busen noch nicht allzu groß ist, brauchst du keinen BH. Aber vielleicht fühlst du dich wohler, wenn deine wachsenden Brüste geschützt sind. Dann kannst du, besonders beim Sport, ein Bustier (gesprochen: Büstjee) tragen.

Welche BH-Form passt zu mir?

In den Geschäften findest du eine riesige Auswahl an BHs. Welche Form du dir aussuchst, hängt davon ab, ob du deinen Busen schon betonen möchtest oder lieber noch nicht.

⭐ Bustiers stützen den Busen, ohne ihn zu betonen. Sie sind aus elastischem Stoff und liegen eng an.

⭐ Push-up-BHs und Bügel-BHs machen mehr aus deinem Busen. Ihre Körbchen sind wattiert oder sogar mit Gelkissen verstärkt. Damit kannst du richtig gut schummeln.

Und ob du gerne Spitzen- oder Rüschen-BHs trägst – das ist wirklich deine Entscheidung!

Blitztipp

BHs gibt es in vielen Farben. Knallige und dunkle Farben schimmern unter hellen Tops durch. Wenn du das nicht möchtest, wähle lieber einen BH in Hautfarbe.

Wie finde ich die richtige Größe?

Du kannst versuchen, zu Hause mit einem Maßband deine BH-Größe festzustellen. Dafür gibt es gute Video-Anleitungen im Internet. Gib als Suchbegriff einfach »BH-Größen« ein.

Statt die BH-Größe zu berechnen, ist es allerdings leichter, sie durch Anprobieren im Geschäft herauszufinden. Denn mit BHs ist es wie mit Jeans: Selbst wenn sie deine Größe haben, sitzen sie unterschiedlich gut.

Bestimmt hilft dir deine Mutter gerne, den richtigen BH für dich zu finden. In guten Geschäften wirst du außerdem von freundlichen Verkäuferinnen beraten. Es gibt BHs für winzige und riesengroße Brüste. Also ist auch für dich das Passende dabei!

So sitzt er perfekt

Bei einem guten BH lassen sich Schulterträger und Rückenteil zur Feinabstimmung verstellen.

⭐ Unter dem Rückenteil sollten noch zwei Finger Platz haben.
⭐ Die Schulterträger sollen nicht in die Haut einschneiden, aber auch nicht ständig von den Schultern rutschen.

Igitt! Ich müffel wie ein Büffel!

Deine Haut besitzt etwa zwei Millionen Schweißdrüsen. Durch die Hormone werden sie in der Pubertät viel aktiver als früher. Dein Schweiß enthält jetzt nämlich zusätzlich einen ganz besonderen Duft – und zwar, um die Jungs anzulocken!

Die Sache mit diesen Sexuallockstoffen hat über Jahrmillionen auch ohne Probleme funktioniert. Die Fortpflanzung war gesichert. Heute ist das ein wenig anders. Natürlich schnuppern Jungen unbewusst immer noch gerne den besonderen Duft, den Mädchen aussenden. Aber den Schweißgeruch, den du ohne Waschen verströmst, mag niemand mehr gerne riechen.

Denk mal
Frischer Schweiß stinkt nicht – erst wenn ihn Bakterien zersetzen, beginnt er zu müffeln.

Dufte Geruchskiller

Das tägliche Duschen ist jetzt für dich besonders wichtig. Es gibt sogar Duschmittel, die nach Schokolade duften – wenn du das magst. Nach dem Duschen solltest du ein mildes Deo verwenden. Auch hier hast du eine riesige Auswahl. Es gibt Cremes, Sticks, Roller und Sprays. Preiswerte Deos schützen übrigens genauso gut wie teure!

Deodorant? Transpirant? Was ist der Unterschied?

Deodorants wirken antibakteriell. Sie sorgen dafür, dass die Bakterien deinen Schweiß nicht zersetzen.

Transpirants verengen zusätzlich die Schweißdrüsen, damit du weniger schwitzt. Ihre Wirkstoffe können die Haut unter den Achseln stark austrocknen. Sie beginnt zu jucken und entzündet sich. Dann hilft nur, auf ein milderes Produkt umzusteigen.

Blitztipp

Schnuppere morgens an bereits getragenen Oberteilen, ob du sie noch weiter anziehen kannst. Unterwäsche solltest du täglich wechseln.

Hilfe, ich schwitze bei Stress!

Viele Mädchen schwitzen, wenn sie etwas Aufregendes erleben. Zum Beispiel während einer Klassenarbeit oder beim ersten Date mit dem Schwarm. Dann sind dunkle Flecken unter den Achseln natürlich sehr peinlich.

☆ Trage Oberteile, die nicht zu eng am Körper anliegen.

☆ Wähle Farben und Stoffe, auf denen man Feuchtigkeit nicht so stark sieht (zu Hause mit Wasser testen). Gut sind gemusterte Oberteile, die Flecken »verstecken«.

☆ Trage Kleidung aus Baumwolle. In synthetischen Stoffen wie Polyester und Polyacryl schwitzt du noch stärker.

Hilfe! Wie bekämpft man einen Urwald?

Am wohlsten fühlen sich Hautbakterien in der Schamgegend und unter den Achseln, weil es dort schön warm und feucht ist. Und genau dort beginnen in der Pubertät Härchen zu sprießen. Diese Haare sind nicht unhygienisch. Trotzdem wollen viele Mädchen etwas dagegen unternehmen. Sie finden es einfach schöner, enthaart zu sein.

Denk mal

Bei uns liegt die Körperenthaarung voll im Trend. In Japan, dem Land der Manga-Mädchen, gilt langes Schamhaar jedoch als schön. Andere Länder – andere Sitten!

Mit welchen Mitteln kann ich die Haare entfernen?

Um den »Urwald« unter den Achseln, in der Bikinizone oder an den Beinen zu entfernen, gibt es verschiedene Methoden.

☆ Enthaarungscreme: Eincremen – warten – abspülen. Ganz einfach. Die Creme enthält eine chemische Verbindung, die Härchen löst. Nach etwa zehn Tagen wachsen neue Härchen.

Achtung, Allergien! Teste die Creme zuerst in der Armbeuge. So kannst du sehen, ob du das Mittel verträgst oder davon einen Ausschlag bekommst.

⭐ Nassrasierer plus Rasierschaum: Der Schaum macht die Haut vor dem Rasieren schön weich. Rasiert wird gegen die Richtung, in der die Haare wachsen. Wichtig sind frische Klingen, damit du dich nicht so leicht schneidest. Neue Haare wachsen schon nach zwei Tagen.

⭐ Ladyshaver: Der elektrische Rasierapparat ist nicht so gründlich wie ein Nassrasierer. Dafür schneidest du dich nicht so leicht.

⭐ Wachs: Die Wachsschicht wird auf der Haut aufgetragen und dann mit einem Ruck abgezogen. So, als würdest du ein Pflaster entfernen. Und genauso kräftig ziept es auch. Aber dafür hast du vier Wochen lang Ruhe vor lästigen Härchen.

⭐ Epiliergerät: Es sieht aus wie ein Rasierapparat. Kreisende Teile reißen die Härchen aus. Also ziept auch diese Methode. Der Lohn: Erst nach vier Wochen wachsen wieder neue Härchen.

⭐ Dauerhafte Haarentfernung mit Licht: Für diese Methode braucht man ein elektrisches Gerät, das ziemlich teuer ist. Es lohnt sich nur, wenn sich auch deine Mutter damit Härchen entfernen möchte. Die Werbung verspricht, dass nach drei bis vier Anwendungen nur noch halb so viele Härchen wachsen ...

Und danach?
Gleich nach der Behandlung sollte deine Haut nicht mit Deo, Bodylotion, Parfüm oder Sonnenlicht in Kontakt kommen. Am besten entfernst du die Härchen abends. Dann kann sich deine Haut über Nacht erholen.

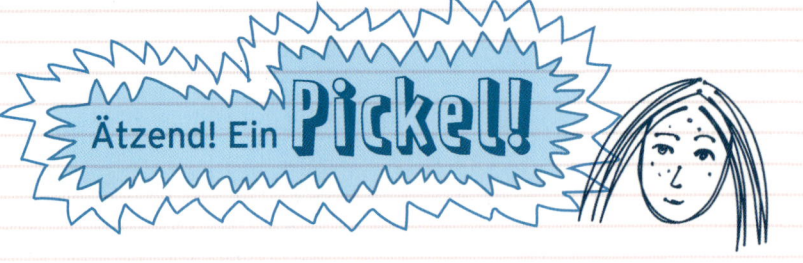

Ätzend! Ein Pickel!

Ein Pickel? An manchen Tagen fühlst du dich wie ein ganzer Streuselkuchen – und würdest am liebsten gar nicht aus dem Haus gehen!

Ausgerechnet jetzt, in der Pubertät, wo du eigentlich besonders hübsch sein möchtest, entstehen die hässlichen Pickel und Mitesser sehr oft. Die Veranlagung zu Pickeln erbt man übrigens zum Teil von den Eltern. Frag sie doch mal, ob sie während der Pubertät auch wie ein Streuselkuchen ausgesehen haben.

Warum bekomme ich Pickel?

Schuld sind wieder Hormone. Sie regen deine Haut jetzt an, mehr Talg zu bilden. Diese fettige Substanz hält die Haut geschmeidig. Aber zu viel Talg verstopft die Haarfollikel. Sie entzünden sich – und es entstehen nervige Pickel. Die meisten Pickel hat man im Gesicht, auf der Brust und am Rücken, weil dort viele Talgdrüsen sitzen.

Reinigung und Pflege

Reinige die Haut jeden Tag mit lauwarmem Wasser und einer milden Seife oder Reinigungsmilch. Bei fettiger Haut helfen auch wöchentliche Peelings, die Hautschüppchen abrubbeln und die Poren frei machen. Anschließend kannst du die Haut mit einem Gesichtswasser abtupfen, um sie zu beruhigen. Dann noch eine leichte Tagescreme – fertig.

Pflegeprodukte für die Haut gibt es massenhaft. Doch eigentlich sind sie nicht nötig. Sie kosten viel Geld und schaden der Haut oft mehr, als sie nützen. Wenn deine Pickel ein großes Problem werden, gehe lieber zum Hautarzt. Er verschreibt dir ein Pflegeprogramm, das hilft.

Darf ich Pickel ausdrücken?

Von roten runden Knubbeln solltest du die Finger lassen. Durch das Drücken würde sich der Eiter in der umliegenden Haut verteilen – und der Pickel wird noch schlimmer. Später können sich sogar Narben bilden. Wenn der Pickel dagegen »reif« ist, kannst du den gelben Eiterkopf mit leichtem Druck öffnen. Saubere Finger, saubere Taschentücher und Gesichtswasser helfen, dass die Wunde rasch abheilt.

Supersanft und wirksam: Gesichtssauna

Fülle eine Schüssel mit heißem Wasser. Dazu gibst du drei Beutel Kamillenblütentee. Halte dein Gesicht über den Dampf und lege ein Handtuch über deinen Kopf. Nach zehn Minuten werden die Poren weich und Pickel öffnen sich schneller. Die Kamille lässt Entzündungen abklingen.

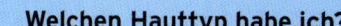

Welchen Hauttyp habe ich?

Wasche dein Gesicht, ohne es anschließend einzucremen. Wie fühlt sich die Haut nach einer Stunde an?

Normale Haut: Sie fühlt sich weich an, ohne zu glänzen.
Mischhaut: Besonders Nase und Stirn sind wieder fettig.
Fettige Haut: Das ganze Gesicht glänzt.
Trockene Haut: Sie spannt, ist gerötet und rau.

SOS! Fettige Haare!

Deine Talgdrüsen produzieren jetzt nicht nur im Gesicht mehr Fett, sondern leider auch auf dem Kopf. Deshalb werden in der Pubertät die Haare schrecklich schnell fettig.

Was kann ich dagegen tun?

Gegen fettige Haare gibt es zum Glück viele milde Shampoos. Du solltest deine Haare jeden Tag waschen. So fühlst du dich einfach besser, dein Haar fällt lockerer und es glänzt schön.

Blitztipp

Verwende höchstens eine walnussgroße Menge Shampoo. Zu viel Shampoo trocknet das Haar aus. Nach dem Waschen bekommen deine Haare mehr Fülle, wenn du sie über Kopf föhnst.

Es schneit – Schuppenalarm!

Die weißen Teilchen, die so weihnachtlich aus deinen Haaren rieseln, sind verhornte Zellschuppen der Kopfhaut. Schuppen können viele Ursachen haben. Auch dagegen gibt es gute Shampoos.

Was ist Spliss?

Dein Haar wächst im Jahr ungefähr 15 Zentimeter. Je länger Haare sind, desto älter sind sie also und desto dünner werden sie. Vor allem an den Spitzen spalten sich die Haare. Dagegen hilft, alle drei Monate einen Zentimeter abschneiden zu lassen.

Ist mein Haar gesund?

Lege ein paar saubere, geknäulte Haare in ein Glas Wasser. Gesundes Haar schwimmt länger als eine Minute auf der Oberfläche. Kaputtes Haar saugt sich dagegen schnell mit Wasser voll und sinkt.

Wofür sind Haarkuren gut?

Es gibt Kuren gegen alle möglichen Haarprobleme. Egal, ob du feines, mattes oder strähniges Haar hast. Kuren machen aber nur Sinn, wenn dein Haar wirklich geschädigt ist. Zu viele Kuren machen Haare dagegen zu weich – dann hängen sie nur noch schlaff herunter. Der Fachmann sagt dazu: »Sie sind überpflegt.«

Das mögen Haare nicht

Haare haben eine feine äußere Hülle, die sie schützt. Föhnen, Färben, raue Bürsten, Sonne und Wind schädigen diese Hülle. Die Haare werden strohig. Außerdem solltest du die Finger von Haargummis mit Metallverschluss lassen, denn Metall reibt an der Schutzschicht.

Denk mal

Es ist übrigens ganz normal, dass du jeden Tag etwa 80 bis 100 Haare verlierst. Viel Spaß beim Zählen!

Hoppla! Woher kommt das Blut?

Einige Monate nachdem Busen und Schamhaare zu wachsen begonnen haben, passiert etwas, das viele Mädchen verwirrt: Sie entdecken im Slip einen weißlichen Ausfluss. Und immer öfter mischen sich kleine Blutflecken darunter. Doch keine Sorge, wenn es bei dir so weit ist. Das alles sind Zeichen dafür, dass du erwachsen wirst. Dein Körper bereitet sich auf die erste Regel vor. Es ist ein normaler Vorgang – und zeigt, dass du gesund bist.

Regel? Monatsblutung? Tage? Menstruation? Periode?

Diese Wörter meinen alle dasselbe. Man versteht darunter eine Blutung, die einmal im Monat aus der Scheide fließt. Das Blut, das manchmal auch kleine Klümpchen enthalten kann, kommt aus der Gebärmutter.

Wozu ist das Bluten gut?

In der Gebärmutter bildet sich jeden Monat eine feste Blutschicht. Sie könnte ein Baby mit Nahrung versorgen. Wenn man nicht schwanger ist, wird diese Schleimhaut einmal im Monat abgestoßen und dann durch eine neue ersetzt.

Was ist der Monatszyklus?

Das Wort »Zyklus« bedeutet, dass sich etwas ständig wiederholt. Der erste Tag deiner Blutung ist der erste Tag des Monatszyklus. Bis zum ersten Tag der nächsten Blutung vergehen dann ungefähr 24 bis 30 Tage.

Blitztipp
Damit du dich sauber und trocken fühlst, kannst du jeden Tag Slipeinlagen tragen. Sie sind sehr dünn und fallen nicht auf.

Wie lange dauert meine Regel?

Die Blutung dauert bei manchen Mädchen nur zwei Tage, bei anderen eine ganze Woche lang. In den ersten Tagen ist sie am stärksten, dann wird sie immer schwächer.

Die ersten Blutungen kommen noch sehr unregelmäßig. Erst nach ein paar Monaten liegen zwischen zwei Blutungen ziemlich gleiche Abstände.

☆ Meine erste Periode hatte ich am ....

☆ Meine Periode dauert ungefähr .... Tage.

☆ Mein Monatszyklus beträgt .... Tage.

Trage die Tage deiner Regel am besten in einen Kalender ein. So erkennst du bald deinen eigenen Abstand zwischen den Blutungen – und du kannst leicht ausrechnen, wann die nächste Periode kommen wird.

Doofe Tage vor den Tagen

Ein paar Tage vor der Regel regst du dich vielleicht schon über Kleinigkeiten auf, bist traurig oder unsicher. Dieses Phänomen nennt man Prämenstruelles Syndrom – kurz PMS. Zum Glück leiden nicht alle Mädchen darunter.

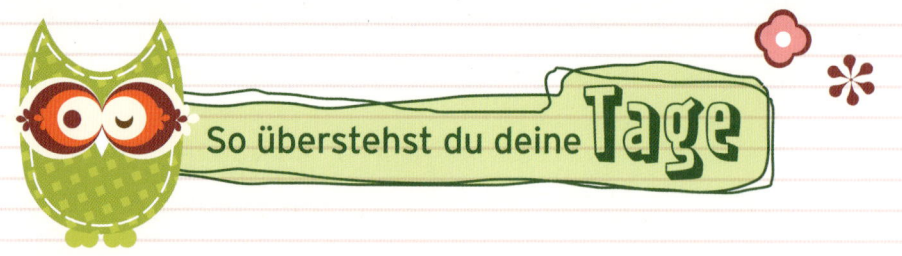

So überstehst du deine Tage

Richtig super findet wohl kaum ein Mädchen seine Tage. Wahrscheinlich bist du auch ein bisschen schlapper als sonst und hast vielleicht sogar Kopfschmerzen. Viele Mädchen spüren vor und während der Periode zudem ein schmerzhaftes Ziehen im Unterleib. Um das alte Blut loszuwerden, muss sich die Gebärmutter nämlich zusammenziehen. So entstehen Krämpfe. Bauchweh und Rückenschmerzen sind lästig – aber normalerweise wirklich kein Grund zur Sorge.

Geheimwaffen gegen Krämpfe!

Tipp 1: Eine kuschelige Wärmflasche auf dem Bauch entspannt die verkrampfte Muskulatur.

Tipp 2: Ein Kräutertee mit Schafgarbe wirkt Wunder.

Tipp 3: Treibe regelmäßig Sport. Bewegung tut deinem Unterleib gut.

Tipp 4: (nur, wenn Tipp 1 bis 3 wirklich nicht helfen!): In der Apotheke berät man dich gerne, welche Medikamente den Schmerz stillen und die Krämpfe lösen.

Tampons oder Binden?

Ob du Tampons oder Binden verwenden willst, hängt davon ab, womit du dich sicherer fühlst.

Tampons werden in die Scheide geschoben und saugen gleich dort das Blut auf. Manche Mädchen spüren Tampons kaum, andere finden sie unangenehm. Aus der Scheide baumelt nur ein kleiner Faden heraus. An ihm zieht man den vollgesogenen Tampon wieder heraus. Länger als sechs Stunden sollte ein Tampon nicht in der Scheide sein.

Binden werden einfach im Slip eingelegt. Du siehst immer, wann du sie wechseln musst. Ein Nachteil ist, dass Blut an der Luft anfängt, unangenehm zu riechen. Es gibt aber auch Binden, die den Geruch »einschließen«.

Und wohin damit?

Binden und Tampons müssen etwa vier- bis fünfmal am Tag gewechselt werden. Wickle sie in Toilettenpapier, bevor du sie in den Abfalleimer wirfst. Und entsorge sie bitte nie über die Toilette. Binden und Tampons saugen sich dick mit Wasser voll und verstopfen den Abfluss!

Blitztipp

Deine Periode kann manchmal überraschend kommen. Steck dir immer einige Binden oder Tampons in die (Schul)-Tasche. So bist du vor Überraschungen sicher. Und du kannst im Notfall auch deiner Freundin helfen.

Und was ist mit Sport?

Es spricht nichts gegen Sport. Bewegung kann sogar helfen, die Krämpfe zu lösen. Wer Tampons verwendet, kann an den leichteren Tagen der Periode auch schwimmen gehen. Wenn du dich während deiner Tage sehr schlapp fühlst, solltest du dich allerdings lieber schonen.

Chaos im Teenie-Hirn

Du spürst jetzt nicht nur, dass sich dein Körper verändert. Du fühlst dich auch anders. Mal bist du fröhlich, dann wieder traurig oder sauer – und manchmal bist du alles gleichzeitig.
Für deine Umgebung ist das ein bisschen so, als gäbe es dich zweimal. Deshalb ist die Adoleszenz auch für deine Eltern keine einfache Zeit.

»Wo hast du bloß deinen Kopf?«

Das fragen dich deine Eltern in letzter Zeit wahrscheinlich häufiger. Natürlich ist dein Kopf noch dort, wo er immer war. Deine Eltern finden aber, dass du dich als Teenager anders verhältst als »normale« Erwachsene. Du bist vergesslicher. Dein Zimmer ist ein einziges Chaos. Und manchmal machst du ziemlichen Bockmist.

> **»Die Kinder von heute sind Tyrannen. Sie widersprechen ihren Eltern, kleckern mit dem Essen und ärgern die Lehrer.«**
> So klagte der griechische Gelehrte Sokrates – schon vor 2500 Jahren!

Die gute Nachricht

Du kannst kaum etwas für deine Launen. Dein Gehirn wird während der Pubertät genauso heftig umgebaut wie der restliche Körper. Jetzt reifen im Kopf die Bereiche, die für Gefühle zuständig sind. Und sie tun, was ihre Aufgabe ist – sie stellen Gefühle her: Wut, Neugier, Trauer, Lust und Liebe.

Was passiert in meinem Hirn genau?

Das Teenagerhirn ist für Wissenschaftler noch immer ein ziemliches Rätsel. Kein Wunder also, dass du dich selbst oft nicht verstehst. Man weiß aber, dass die Aktivitäten deiner einzelnen Hirnregionen jetzt sehr schnell kippen können.

Die Bereiche im Hirn, die Gefühle herstellen, reifen in der Pubertät sehr schnell. Die Bereiche, mit denen du deine Gefühle kontrollieren kannst, entwickeln sich dagegen langsamer. In dir entstehen also schon ganz starke Gefühle wie Liebe oder Wut. Aber du kannst sie noch nicht richtig kontrollieren. Genau das macht dich jetzt so unberechenbar – sogar für dich selbst.

Achtung, Gefahr!

Das Kontrollzentrum im vorderen Teil des Hirns ist erst mit 20 Jahren ausgereift. Dadurch ist dein Leben während der Pubertät ziemlich gefährlich. Denn du lässt dich leichter auf Abenteuer ein.

Deine Gefühlszentrum brüllt zum Beispiel: »Ich will in die Disco!!!!«

Doch dein Kontrollzentrum warnt nur leise: »Tu es nicht ...«

Also springst du nachts heimlich vom Balkon. Und probierst in der Disco Alkohol aus. Und lässt dich von einem total bekifften Typen abschleppen. Und drehst auf seinem Motorrad ohne Führerschein und Helm 'ne Runde durch die Stadt ...

Halt! Stopp! Das war natürlich gerade nur ein böser Traum. DU tust das alles nicht! Oder...?

Was hilft gegen **miese Laune?**

Die Welt ist mal wieder so ungerecht zu dir! Niemand versteht dich! Und du selbst findest dich auch gerade ungenießbar.

Um dich wieder besser zu fühlen, kannst du jedoch einiges tun. Für welche Möglichkeiten entscheidest du dich?
Du ...

- ○ ★ streitest dich mit deiner Mutter.
- ○ ♥ rockst zu lauter Musik durchs Kinderzimmer.
- ○ ✳ schreibst dir deine Sorgen von der Seele.

- ○ ♥ verprügelst dein Kopfkissen.
- ○ ★ stopfst eure Katze in die Waschmaschine.
- ○ ✳ schaust dir einen lustigen Film an.

- ○ ✳ heulst deinem Lieblingskuscheltier die Ohren voll.
- ○ ♥ wirbelst mit ausgestreckten Armen im Kreis herum.
- ○ ★ versteckst dich stundenlang im Keller.

- ○ ✳ trinkst warmen Kakao.
- ○ ★ rennst zum Bahnhof und fährst ganz weit weg.
- ○ ♥ joggst dreimal um den Häuserblock.

- ○ ★ kippst deinem Bruder Salz in den Kakao.
- ○ ✳ schläfst ein Stündchen.
- ○ ♥ zerfetzt eine alte Zeitung in klitzekleine Fitzelchen.

- ○ ♥ gehst zum Schwimmen.
- ○ ✳ rufst deine Freundin an.
- ○ ★ trinkst heimlich einen Schluck aus Papas Hausbar.

Überwiegend ★ : Deine Familie hat gerade viel »Spaß« mit dir.

Aber gegen schlechte Laune hilft nicht, die Familie zu ärgern oder ihr Sorgen zu bereiten. Versuche in Zukunft, dich von außen zu betrachten, wenn du dich mal wieder richtig mies fühlst. Du wirst sehen, wie albern vieles ist, was »die andere« da anstellen will.

Überwiegend ✳ : Schon besser.

Es tut immer gut, sich ein bisschen zu verwöhnen. Ganz wichtig ist es auch, deinen Kummer mit anderen zu teilen. Mit einem Blatt Papier, mit deinem Kuscheltier, mit eurem Haustier oder am besten mit deiner Freundin. Reden hilft wirklich. Es bringt nichts, Frust in sich hineinzufressen.

Überwiegend ♥ : Blitztipp Bewegung!

Du hast völlig recht: Gegen das Chaos in deinem Hirn hilft am schnellsten Bewegung. Also raus an die frische Luft und austoben! Am besten treibst du regelmäßig Sport. Dann bekommst du erst gar keine miese Laune!

Die Sache mit den Jungs

Sind Jungs Spätzünder?

In deiner Klasse sind bestimmt schon Mädchen, bei denen du siehst, dass sie in der Pubertät sind. Ist dir schon aufgefallen, wie kindlich die meisten Jungen dagegen noch wirken? Jungen kommen im Durchschnitt nämlich fast zwei Jahre später in die Pubertät als Mädchen.

Was passiert bei den Jungs?

Jungen verändern sich während der Pubertät ganz anders als Mädchen. Statt runden Kurven bekommen sie eher Muskeln. Statt einem Busen wachsen ihnen Haare auf der Brust. Und Jungs bekommen keine Periode – aber einen Bart.

Was sonst noch wächst …

Besonders wichtig ist für die Jungen, dass in der Pubertät ihre beiden Hoden und der Penis wachsen. Die Größe des Gliedes sagt zwar nichts darüber aus, ob ein Mann später Kinder zeugen kann oder beim Sex viel Spaß hat. Das funktioniert auch sehr gut mit einem kleinen Penis. Trotzdem sind Jungs mächtig stolz darauf, wenn ihr »Teil« möglichst groß ist.

Was ist eigentlich Sperma?

Beim Sex haben Jungen einen Samenerguss. Dieses Sperma sieht aus wie eine Portion Haargel – und klebt auch so. Es besteht vor allem aus Samenzellen (Spermien). Sie sind für das Zeugen eines Kindes wichtig. Der Rest des Spermas ist Flüssigkeit. Wenn ein Junge erregt ist, wird sein Glied groß und steif. Dadurch schließt sich die Harnröhre. So kann kein Urin ins Sperma gelangen.

Testosteron

Das Geschlechtshormon, das die Jungen männlicher werden lässt, heißt Testosteron. Es wird in ihren Hoden gebildet. Sportler, die bei Wettkämpfen unbedingt siegen wollen, nehmen manchmal Testosteron als Medikament ein. Es macht den Sportler nicht nur fitter, sondern auch aggressiver. Dieses Doping ist natürlich nicht erlaubt.

Verflixter Stimmbruch!

In der Pubertät wird die Stimme der Jungen tiefer. Männliche Geschlechtshormone lassen den Kehlkopf größer werden und die Stimmlippen verlängern sich. Während dieser Umstellung kann es passieren, dass sich die Stimme beim Sprechen überschlägt. Dieses hohe Kieksen ist Jungs natürlich schrecklich peinlich.

Denk mal

Jungen fühlen sich in der Pubertät genauso unsicher wie Mädchen. Sie leiden unter Pickeln, fettigen Haaren – und darunter, dass Mädchen über sie lachen. Also – bitte nicht kichern!

Jungs ticken anders

Wenn es um Gefühle geht, scheinen Mädchen und Jungen auf verschiedenen Planeten zu leben. Deshalb kommt es oft zu Missverständnissen beim Flirten. Während Mädchen zum Beispiel gerne über ihre Gefühle sprechen, erzählen pubertierende Jungen meistens nur wenig von sich – und wollen lieber in Ruhe gelassen werden.

SO COOL!

Jungen finden Mädchen interessant, aber ...

Mädchen sind in der Pubertät gerne mit Jungen zusammen. Jungs fühlen sich in der Nähe von Mädchen jetzt aber eher unwohl. Deshalb würdigen sie Mädchen plötzlich keines Blickes mehr und gehen lieber mit ihren Freunden zum Fußballspielen.

Lieber unkompliziert

Jungs mögen Mädchen
- ☆ die nicht dauernd Fragen stellen.
- ☆ die nicht rumzicken und über sich selbst lachen können.
- ☆ die sich nicht verstellen, um zu gefallen.
- ☆ die sich im Schwimmbad auch mal untertauchen lassen.
- ☆ die ihnen sagen, dass sie toll sind.
- ☆ die nicht versuchen, sie zu ändern.

Der erste Kuss

Beim ersten Kuss sind Jungen meistens noch aufgeregter als Mädchen. Sie haben Angst, dabei etwas falsch zu machen und sich zu blamieren.

Denk mal

Zum Küssen gehören immer zwei, die wollen. Lass dich zu nichts zwingen, was du noch nicht willst.

Das nervt Jungs

Jungs können es überhaupt nicht leiden, wenn Mädchen nicht klar sagen, was sie wollen. Daraus wird kein Junge schlau. Jungen sind bequem und gehen Streitereien mit Mädchen am liebsten aus dem Weg.

Blitztipp

Du bist beleidigt, weil er mit einem anderen Mädchen geflirtet hat?
Dann antworte auf seine Frage »Was hast du denn?« bloß nicht mit: »Nichts.«
Er wird nicht von selbst darauf kommen, was dich bedrückt. Da hast du Pech. Jungen sind richtig schlecht im Rätselraten. Stattdessen denkt dein Freund erleichtert: »Super. Wenn sie nichts hat, ist ja alles in Ordnung.«

Total **verknallt!**

Bisher hast du den einen oder anderen Jungen einfach nett gefunden. Doch plötzlich hast du Schmetterlinge im Bauch und Beine wie Kaugummi, wenn du IHN siehst. Ganz klar – du bist zum ersten Mal verliebt!

Achterbahn der Gefühle

Du betrachtest Jungs jetzt anders. Und du erlebst Gefühle, die du bisher nicht gekannt hast. Das ist manchmal verwirrend, aufregend, nervig – und einfach nur wunderschön.

So merkst du, dass du dich verliebt hast

⭐ Du denkst immerzu an IHN.
⭐ Du bist traurig, wenn ER nicht da ist.
⭐ Du machst dich für IHN hübsch.
⭐ Du bekommst Herzklopfen, wenn ER in deiner Nähe ist.
⭐ Du wirst knallrot, wenn ER etwas zu dir sagt.
⭐ Du bist sauer, wenn ER mit einem anderen Mädchen spricht.

Denk mal

Man sollte sich Jungs nie an den Hals werfen. Die kommen von alleine …

Was soll ich tun?

Am besten: Erst mal tief durchatmen. Und bloß nichts überstürzen. Stell dir vor, du gestehst dem Jungen, was du für ihn empfindest – und er sagt dir, dass er dich nur mag! Das wäre ziemlich peinlich, oder?
Beobachte den Jungen lieber noch ein bisschen. Sei einfach weiter nett zu ihm. Vielleicht gibt er dir dann ein Zeichen, dass er dich sehr gerne hat. Oder du merkst, dass er doch nicht so total süß ist, wie du dachtest …

Blitztipp (für Mutige)

Du willst unbedingt wissen, ob sich dein Schwarm für dich interessiert?
Dann frage ihn mal ganz nebenbei: »Sag mal, so allgemein, könntest du dir vorstellen, schon eine Freundin zu haben?« Wenn er nur mit den Achseln zuckt oder gähnt, sieht es für dich (noch) nicht so gut aus.

Wie finde ich meinen Traumtyp?

Vielleicht hast du in deinem Freundeskreis noch keinen Jungen entdeckt, der dein Herz erobern könnte. Das ist völlig normal und kein Grund zur Sorge: Irgendwann begegnest auch du deinem Traumtyp.

Wie sollte dein Freund aussehen?

☆ Augenfarbe ....
☆ Haarfarbe ....
☆ Haarlänge ....
☆ Größe ....

Ob du dich einmal in so einen Traumtyp verliebst?

Wahrscheinlich nicht. Denn um einen Jungen zu mögen, müssen dir auch seine Stimme, sein Geruch und seine Bewegungen gefallen.
Am schönsten ist, wenn dich dein Freund zum Lachen bringen kann und du dich in seiner Nähe rundherum wohlfühlst – das klappt meist nicht, wenn der Typ bloß super aussieht ...

Welcher Junge passt zu mir?

Weißt du schon, wie der Junge sein muss, der zu dir passt? Hier sind Fragen, die dir helfen, dich selbst besser kennenzulernen. Denn wer weiß, wie er selbst ist, weiß auch, welcher Typ zu ihm passt!

Was schenkst du deiner besten Freundin zum Geburtstag?

- ○ ✱ Weiß noch nicht. Vielleicht ein Plüschtier?
- ○ ♥ Einen Gutschein für einen Ausflug ins Eislaufstadion.
- ○ ★ Einen bunten, selbst gestrickten Schal

Ihr lest im Deutschunterricht eine Geschichte. Kurz vor dem Ende ertönt der Schulgong.
- ○ ★ Du überlegst, wie die Geschichte weitergehen könnte.
- ○ ♥ Du bist froh, endlich raus an die frische Luft zu können.
- ○ ✱ Du zeigst deiner Freundin dein neues Glücksarmband.

Was nimmst du auf eine einsame Insel mit?

- ○ ♥ Badesachen und Proviant
- ○ ★ Taschenmesser und Werkzeug
- ○ ✱ Bücher und einen Spiegel

Was möchtest du mal werden?
- ○ ★ Schauspielerin
- ○ ♥ Tierärztin
- ○ ✱ hübsch!

Du schreibst deinem Freund. Womit endet die Nachricht?
- ○ ♥ Bis morgen!
- ○ ✱ HDGDL!
- ○ ★ Bin gespannt, wie dir mein neues Outfit gefällt!

Was machst du, wenn du deiner Katze aus Versehen auf eine Pfote getreten bist?

- ○ ✱ Ich knuddele sie und flüstere ihr lauter liebe Sachen ins Ohr.
- ○ ♥ Ich entschuldige mich natürlich bei meiner Katze.
- ○ ★ Ich überlege, dem Tier ein Glöckchen umzuhängen. Weil das Bimmeln die Katze nerven könnte, lass ich es aber lieber.

Dein Freund hat plötzlich ein Handballspiel. Doch eigentlich seid ihr verabredet. Wie reagierst du?

- ○ ✱ Du bist sauer.
- ○ ★ Ich verabrede mich spontan mit einer Freundin.
- ○ ♥ Ich gehe mit und feuere ihn an.

Deine Liebe gestehst du deinem Schwarm ...

- ○ ★ ... sofort. Ich bin ja so verknallt!
- ○ ♥ ... gar nicht. Ich habe Bammel vor seiner Antwort.
- ○ ✱ ... wenn ein guter Zeitpunkt dafür gekommen ist.

Überwiegend ♥: Ein Typ zum Pferdestehlen

Für dich ist das Leben zum Glück nicht sehr kompliziert. Du magst nette Jungs, die mit dir zusammen Sport machen und gerne in der Natur sind. Der erste Kuss entwickelt sich bei euch bestimmt aus einer verspielten Rangelei ...

Überwiegend ✱: Traumprinz gesucht

Du bist romantisch. Gegen einen Prinzen, der auf einem weißen Pferd naht und dir rote Rosen schenkt, hättest du nichts einzuwenden. Im wirklichen Leben sind solche Typen allerdings selten. Vielleicht träumst du noch ein bisschen weiter? Man soll die Hoffnung ja nie aufgeben!

Überwiegend ★: Keinen langweiligen Macho

Du gestaltest dir dein Leben selbst. Daher fühlst du dich am wohlsten, wenn dir ein Junge viel Freiraum lässt, um deinen Hobbys nachzugehen und dich mit Freundinnen zu treffen. Du magst es auch gerne, wenn der Junge selbst kreativ ist. Eines ist sicher: Langweilig wird es euch beiden nie!

Von **Freundinnen** – und Feindinnen

Niemand ist gerne *alleine*

Mit Freunden kannst du jede Menge Spaß haben, Musik hören und über aufregende Erlebnisse tuscheln. Du kannst deine Probleme mit ihnen teilen – und für sie da sein, wenn sie selbst Hilfe brauchen. Ein Leben ohne Freunde ist ziemlich trostlos!

Wie finde ich neue Freunde?

Vielleicht bist du gerade in eine andere Stadt gezogen. Jetzt sitzt du in der neuen Klasse und alle schauen verstohlen zu dir rüber. Um diese Situation bist du nicht zu beneiden. Und dir hilft nur eines: Lächle deine Mitschüler nett an. Denn nicht nur du willst gemocht werden. Auch die anderen suchen nach Anerkennung. Sei freundlich. Je natürlicher du bist, desto mehr mögen dich die anderen.

Vertrauen ist gut, aber ...

Die anderen umringen dich in der Pause und wollen alles Mögliche über dich erfahren? Das läuft ja super. Sei aber nicht zu vertrauensselig. Erzähle nichts, was dir später peinlich sein könnte, wenn es weitererzählt wird. Ein gutes Mittel gegen zu viele Fragen ist übrigens, selbst Fragen zu stellen. Erkundige dich nach angesagten Shops oder dem nächsten Kino. Vielleicht bietet dann sogar jemand an, sich mit dir zu treffen, um dir alles zu zeigen.

Der beste Weg
Freunde zu gewinnen,
ist, selber ein guter
Freund zu sein.

Freundschaften müssen wachsen

Es kommt nicht oft vor, dass man jemanden trifft, mit dem man sich sofort perfekt versteht. Du musst also nicht enttäuscht sein, wenn du nicht gleich in der ersten Woche neue Freunde findest.

Vielleicht hast du selbst den Mut, auf ein Mädchen zuzugehen, das dir sympathisch ist? Zuvor solltest du jedoch beobachten, ob das Mädchen schon eine feste Freundin hat.

In dem Fall heißt es: Vorsicht, Zickenalarm! Freundinnen können schrecklich eifersüchtig sein. Dränge dich nicht dazwischen. Könnt ihr vielleicht zu dritt Eis essen gehen?

Wie schaffe ich es, beliebt zu sein?

Sei am besten einfach du selbst. Und lüge vor allem nicht. Ehrlichkeit ist das Wichtigste, wenn du Freunde haben willst. Die anderen bekommen nämlich ziemlich schnell heraus, ob du wirklich schon Reitturniere gewonnen hast, Ballett tanzt oder mit deinen Eltern in einer schicken Villa wohnst. Peinlich, peinlich, wenn das alles nicht stimmt!

Von BFF und ABF

Jede Freundschaft ist etwas Besonderes. Als Kind war es für dich schön, mit anderen Mädchen spielen zu dürfen. Jetzt in der Pubertät ist dir etwas anderes wichtig – du willst Freundinnen, denen du vertrauen kannst und die dich mögen.

Die Sandkastenfreundin

Sie war schon im Kindergarten deine Freundin. Ihr kennt euch und eure Familien gegenseitig in- und auswendig. Euch verbindet also besonders die Vergangenheit. Doch eurer Leben entwickelt sich jetzt vielleicht unterschiedlich, weil ihr auf verschiedene Schulen geht. Ihr seht euch seltener und werdet einander fremd. Das ist schade – aber normal.

Meine Sandkastenfreundinnen heißen ....

Die Schulfreundin

Ihr seht euch jeden Tag, lernt miteinander und regt euch gemeinsam über doofe Hausaufgaben auf. Der Alltag in der Schule schweißt euch zusammen. Und da ihr in der Schule so viel Zeit miteinander verbringt, seid ihr ganz bestimmt BFF. Best friends forever!

School!

Meine Schulfreundinnen heißen ....

Die Freizeitfreundin

Du bist mit ihr im selben Sportverein, hast mit ihr gemeinsam Gitarrenunterricht oder ihr trefft euch manchmal an der Skaterbahn. In euren Gesprächen dreht sich meist alles um das gemeinsame Hobby. Über private Dinge sprecht ihr wenig. Dazu seht ihr euch einfach nicht oft genug.

Meine Freizeitfreundinnen heißen ....

Die ABF

Die allerbeste Freundin ist dein Goldschatz. Ihr verbringt jede freie Minute miteinander. Ihr lacht gemeinsam, ihr heult gemeinsam. Ihr freut euch füreinander bei Erfolgen und erzählt euch eure größten Geheimnisse. Ein Blick genügt, und du weißt, wie es deiner ABF geht!

Ihr könnt auch super miteinander streiten. Das zerstört eure Freundschaft nicht. Die meisten Mädchen sind sogar froh, wenn ihnen die ABF auch mal eine unbequeme Wahrheit sagt!

Meine ABF heißt ....

So bleibt sie deine ABF!

Eben wart ihr noch unzertrennlich. Doch plötzlich hat deine ABF einen Freund. Und du musst sie mit ihm teilen.

☆ Gönne ihr das Glück. Sie wird dir dafür dankbar ein.

☆ Sie will am liebsten nur noch über ihren Freund sprechen? Hör zu und frag nach. Zum Beispiel, wie er so küsst. Mit niemandem kann sie darüber besser sprechen als mit dir.

☆ Verabredet einen festen ABF-Nachmittag, zum Beispiel immer freitags. Damit kommt ihr Freund sicher klar – und ihr könnt euch die ganze Woche darauf freuen.

Und solange du die Erste bist, bei der sich deine ABF ausheult, wenn sie sich mit ihrem Freund gestritten hat, ist sowieso alles in bester Ordnung.

Bin ich die perfekte **Freundin?**

Jedes Mädchen möchte gerne gute Freundinnen haben. Und du selbst möchtest natürlich auch eine tolle Freundin sein. Mache den Test – und erfahre, wie die anderen dich sehen!

Deine Freundin liegt mit Fieber zu Hause. Ausgerechnet jetzt will sich dein Traumtyp zum ersten Mal mit dir treffen.

○ ★ Hä? Welche Freundin? Ich treffe mich mit dem Jungen!
○ ♥ Ich gehe erst kurz zu ihr und treffe mich dann mit ihm.
○ ✳ Ich rufe sie auf dem Weg zu meinem Date schnell an.

Deine Freundin wird in der Klasse gemobbt.

○ ✳ Sie tut mir leid, aber ich halte mich lieber raus.
○ ★ Ich finde, sie ist selbst daran schuld.
○ ♥ Ich helfe ihr natürlich gegen die fiesen Typen.

Was ist dir in einer Freundschaft am wichtigsten?

○ ★ Dass wir zusammen Quatsch machen können.
○ ♥ Dass wir ehrlich zueinander sind.
○ ✳ Dass uns die gleichen Dinge gefallen.

Würdest du mit dem Freund deiner ABF flirten?

○ ♥ Das könnte ich meiner Freundin nie antun!
○ ✳ Ich versuche wirklich, mich zu beherrschen.
○ ★ Wenn er mir gefällt, warum nicht?

Deine ABF ist verliebt. Aber sie wagt nicht, es IHM zu sagen.

○ ★ Ich gehe zu ihrem Schwarm und erzähle es ihm.
○ ✳ Ich biete ihr an, ihn zu fragen, ob er sie mag.
○ ♥ Ich mache ihr Mut, ihm einen Brief zu schreiben.

Deine BFF vertraut dir ein Geheimnis an.
○ ♥ Ich schweige natürlich wie ein Grab.
○ ✽ Meiner ABF kann ich es ja erzählen. Aber nur ihr!
○ ★ Das Geheimnis ist wirklich irre! Mal sehen …

Was magst du an anderen Mädchen überhaupt nicht?
○ ♥ Wenn sie eingebildet und zickig sind.
○ ✽ Wenn sie sich übertrieben schminken.
○ ★ Wenn sie super aussehen und beliebt sind.

Beim Einkaufsbummel probiert deine Freundin Jeans an, die ihr nicht stehen. Was machst du?
○ ★ Ich suche für mich schon längst nach einer eigenen Jeans.
○ ✽ Ich sage ihr, dass ihr das Teil super passt.
○ ♥ Ich bringe ihr drei andere Jeans in die Kabine.

Überwiegend ★ : Volltreffer Fettnäpfchen
So richtig klappt das mit einer guten Freundschaft bei dir noch nicht, oder? Du alberst gerne herum und denkst am liebsten nur an deinen Spaß. Entscheidungen triffst du spontan, so, wie es dir gefällt. Das ist in Ordnung – solange du nicht die Gefühle anderer verletzt.

Überwiegend ✽ : Ein angenehmes Wesen
Du bist auf dem richtigen Weg, eine gute Freundin zu werden. Andere Mädchen finden dich nett und schätzen dein angenehmes Wesen. Nur manchmal verhältst du dich noch ein bisschen ungeschickt. Aber das legt sich sicher bald.

Überwiegend ♥ : Immer ein offenes Ohr
Um dich scharen sich wahrscheinlich ganze Trauben echter Freudinnen. Und wenn nicht – dann haben die anderen noch nicht gemerkt, was für ein super Kumpel du bist! Du gehst mit deinen Freundinnen durch dick und dünn. Sie können immer auf dein gutes Herz zählen. Bleib so, wie du bist!

Freunde für die **Ewigkeit**

Gibt es das überhaupt: eine Freundin fürs Leben? Die ABF, mit der du noch Kontakt hast, wenn ihr beide uralt seid? Doch, es gibt sie – aber sehr, sehr selten.

Warum zerbrechen Freundschaften?

In der Pubertät ist es völlig normal, dass Freundschaften auseinandergehen. Als Teenager wechselst du deine Interessen noch häufig und damit auch deine Freundschaften. Außerdem kommen Freundinnen selten gleichzeitig in die Pubertät. Die Entwicklung verläuft also unterschiedlich und Freundinnen entfernen sich innerlich voneinander.

Meine ABF ist plötzlich so komisch

Bisher habt ihr euch super verstanden. Doch in letzter Zeit ist deine ABF ständig fies zu dir, nörgelt herum und will bestimmen, was ihr gemeinsam unternehmt? Klar, ein paar Wochen schaust du über die Fehler und Schwächen deiner ABF hinweg. Aber ewig solltest du dir ihr Verhalten nicht gefallen lassen. Frage sie offen, was mit ihr los ist. Und sage ihr, dass dich ihr Benehmen stört.

Sprecht ruhig und sachlich miteinander. Am besten nicht mitten auf dem Schulhof, wenn die halbe Clique zuhört!

Hilfe, meine BFF spinnen total!

Deine Freundinnen zicken herum? Ganz ohne Grund? Dann habe Verständnis für sie – wenn du kannst. Schließlich sind deine Freundinnen auch gerade in der Pubertät. Auch in ihren Köpfen toben die Hormone manchmal ganz schön heftig!

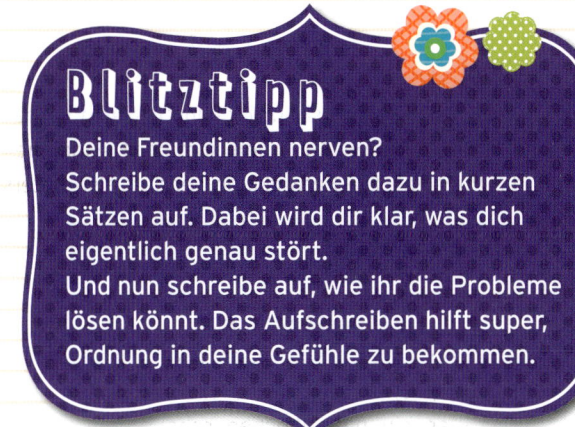

Blitztipp

Deine Freundinnen nerven?
Schreibe deine Gedanken dazu in kurzen Sätzen auf. Dabei wird dir klar, was dich eigentlich genau stört.
Und nun schreibe auf, wie ihr die Probleme lösen könnt. Das Aufschreiben hilft super, Ordnung in deine Gefühle zu bekommen.

Und wenn es doch schiefgeht?

Es gehört zu den schwersten Dingen im Leben, sich von Menschen zu trennen. Das tut immer weh. Aber Trennungen gehören dazu. Vielleicht hast du Glück, und die Beziehung zu deiner Freundin schläft einfach ein, wenn du dich immer seltener mit ihr verabredest. Oder müsst ihr euch weiterhin jeden Tag in der Schule sehen? Dann ist es gut, wenn beim letzten Streit mit deiner Freundin nicht (nur) die Fetzen fliegen. Gib auch eigene Fehler zu und entschuldige dich dafür. Das ist nicht leicht. Aber es hilft dabei, dass ihr euch später noch in die Augen sehen könnt.

Die Clique

Zu einer Clique zu gehören, ist ein richtig gutes Gefühl. Umso enttäuschter bist du natürlich, wenn du spürst, dass die anderen dich nicht in ihrer Gruppe haben wollen – denn das macht dich zum Außenseiter.

Ich möchte so gerne dazugehören!

In eine Clique aufgenommen zu werden, ist oft schwierig. Gehe lieber nicht gleich auf die ganze Gruppe zu und »bettle« darum, dazugehören zu dürfen. Bestimmt hast du mehr Erfolg, wenn du dich zuerst mit einem Mädchen aus der Gruppe anfreundest. Wenn sie dich mag, wird sie dich auch in ihren Freundeskreis einführen.

So heißen die Mitglieder der Clique, die ich gut finde ....
....
....
....

Passe ich überhaupt in die Clique?

Nicht jede Clique passt zu dir. Vielleicht willst du nur dazugehören, weil dein Schwarm in der Gruppe ist? Das ist meist keine gute Voraussetzung. Frage dich lieber erst einmal:

☆ Mag ich auch die anderen Leute in der Clique?
☆ Ist der Clique wichtig, welche Markenkleidung jemand trägt?
☆ Und finde ich das gut?
☆ Verbringen sie ihre gemeinsame Freizeit so, dass auch ich mich dabei wohlfühlen würde?

Ich soll eine Mutprobe ablegen!

Manchmal verlangen Mitglieder einer Clique eine Mutprobe, bevor du in die Gruppe aufgenommen wirst. Du sollst Alkohol trinken, im Supermarkt Kondome stehlen – und dann wird der Unfug auch noch mit dem Handy gefilmt und ins Internet gestellt. Was immer man von dir verlangt: Lass die Finger davon! Die anderen müssen dich mögen, wie du bist. Wenn nicht – dann bist du zum Glück zu schlau für die Clique. Höre auf dein Bauchgefühl! Das ist sehr wichtig!

Warum sind Jungscliquen eigentlich so schrecklich albern?

In der Gruppe fühlen sich Jungen sehr stark und mutig. Deshalb ärgern sie Mädchen so gerne gemeinsam. Vielleicht tröstet es dich, dass Jungen alleine meistens ganz in Ordnung sind.

Gruppendruck

Versuchen dich Leute aus der Clique ständig zu etwas zu überreden, das du nicht tun möchtest? Und wenn du dich nicht anpasst, wird gelästert? Dann gibt es nur eine Reaktion: Lass die anderen eiskalt stehen. Das erfordert viel Selbstvertrauen. Aber es ist der einzige Weg, du selbst zu bleiben.

Tust du immer, was **andere** dir sagen?

Viele Jugendliche werden verwöhnt und bekommen, was sie möchten, zum Beispiel Smartphones oder Kosmetik. Ein Mädchen, das sich dies alles nicht leisten kann, fühlt sich da schnell unbedeutend und ausgeschlossen. Stell dir vor, dieses Mädchen bist du. Was würdest du tun, um doch dazuzugehören?

Eine Freundin bittet dich um Geld. Sie weiß aber, dass du selbst knapp bei Kasse bist.

- ○ ♥ Ich gebe ihr nichts.
- ○ ✻ Ich bitte jemand anderen, ihr zu helfen.
- ○ ★ Ich gebe ihr Geld, auch wenn es mich ärgert.

Eine Freundin will sich mit dir verabreden. Aber eigentlich musst du lernen.

- ○ ✻ Ich lerne eine Stunde, dann treffen wir uns.
- ○ ♥ Ich gehe nicht zu ihr. Meine Noten sind mir wichtiger.
- ○ ★ Ich will nicht als Streberin gelten und treffe mich mit ihr.

Eine Freundin lästert, weil du keine Jeans der Firma Y trägst.

- ○ ♥ Ich lästere zurück, weil sie Y-Klamotten trägt.
- ○ ★ Ich schlachte heulend mein Sparschwein und kaufe Y-Jeans.
- ○ ✻ Vielleicht kaufe ich mir irgendwann Y-Jeans. Mal sehen.

Die Clique will in die Disco gehen.
Aber deine Eltern würden dir das nie erlauben.

◯ ⭐ Ich übernachte bei einer Freundin und gehe von dort aus mit
in die Disco. Aber ich fühle mich dabei richtig mies.

◯ ♥ Ich sage den anderen, dass ich Disco blöd finde, und bleibe zu Hause.

◯ ✳ Ich bleibe zu Hause. Aber ich habe Angst, dass mich die anderen
jetzt doof finden.

Überwiegend ⭐ : Du lässt dir ziemlich viel gefallen.

Denke nicht immer an das, was du nicht besitzt. Das hast du gar nicht
nötig. Wenn du selbst anfängst, deine Gefühle zu achten, werden es bald
auch andere tun.

Überwiegend ✳ : Du versuchst, Kompromisse zu finden.

Und das ist gut so. Wenn es um deine Überzeugungen geht, lässt du dich
zum Glück nur selten umstimmen.

Überwiegend ♥ : Du bleibst dir selbst treu.

Du tust nur Dinge, bei denen du dich wohlfühlst. Egal, was die anderen von
dir denken. Du bist eine echte Kämpferin. Aber geh mit dem Kopf lieber
nicht immer durch die Wand. Das könnte deine Freundinnen vertreiben.
Auch die guten.

Die meisten deiner Freundinnen sind wahrscheinlich genau wie du gerne im Internet unterwegs. Ihr tauscht euch in Blogs und Chats aus, lernt dort andere Mädchen und Jungen kennen und freundet euch mit ihnen an. Das Internet ist eine super Sache – wenn du dabei ein paar wichtige Regeln beachtest.

Wie surfe ich sicher im Internet?

Auch wenn es dich nervt, weil du jetzt alles alleine machen möchtest: Deine Eltern sollten darüber Bescheid wissen, was du im Netz so treibst. Sonst machen sie sich selbst strafbar. Am besten ist es, wenn ihr klare Regelungen trefft, was du im Internet darfst. Denn du willst sicher nicht, dass irgendwann die Polizei vor der Tür steht. Und das geht mit ein paar falschen Klicks im Internet manchmal schneller, als du »Katastrophe« sagen kannst.

Denk mal
Wusstest du, dass ein Facebook-Zugang erst für Nutzer ab 13 Jahren eingerichtet werden darf? Das steht in den Nutzungsbedingungen von Facebook.

Goldene Regeln fürs Internet

⭐ Sei vorsichtig beim Posten von Bildern mit Freunden. Du schießt auf der Party ein Foto, um es ins Internet zu stellen? Wenn die anderen Partygäste das nicht möchten, darfst du es nicht. Jeder Mensch hat das Recht, selbst zu bestimmen, ob er sein Gesicht im Internet sehen möchte.

⭐ Stelle keine peinlichen Bilder von dir ins Netz, auch wenn es noch so lustig wäre. Es kann zum Albtraum werden. Bilder mit nacktem Busen oder Po freuen nur die Betreiber von Porno-Seiten. Sie verwenden die Fotos ohne dein Wissen weiter, um damit Geld zu verdienen.

⭐ Lade Musiktitel und Kinofilme nicht illegal herunter. Das ist nicht nur strafbar. Es ist auch unfair. Musiker und Schauspieler geben sich viel Mühe, gute Musik zu komponieren oder schöne Filme zu drehen. Dafür sollten sie auch Geld bekommen, oder?

⭐ Verrate so wenig wie möglich über dich. Viele Online-Spiele sind nur auf den ersten Blick kostenlos. Die Anbieter der Spiele verlangen zum Beispiel vor dem Start, dass du deinen Namen, deine Adresse und dein Geburtsdatum eingibst. Oder du sollst plötzlich an einer Umfrage teilnehmen, um weiter spielen zu können. Lass von solchen Spielen lieber die Finger: Deine Daten gehören dir!

Sind Chatrooms so gefährlich, wie viele behaupten?

Gute und böse Menschen gibt es überall. Im wirklichen Leben genauso wie im Internet. Daher tummeln sich in den Chats, die du besuchst, neben ganz vielen netten Menschen auch einige, die böse Absichten verfolgen. Es ist einfach gut, wenn du das beim Chatten nicht vergisst.

Liebe im Netz

Wow, ist das aufregend! Seit ein paar Tagen chattest du mit einem total süßen Typ. Niemand versteht dich besser als er. Egal, was du ihm anvertraust, er hat immer eine passende Antwort. Und was für schöne Komplimente er dir macht!

Er sieht so super aus!

Leider kannst du nicht sicher sein, dass der Junge auf dem Bild auch der Mensch ist, der mit dir gerade im Chat flirtet. Hinter manchen Kontakten steckt nicht der süße Junge, den du erwartest. Selbst so niedlich klingende Seiten wie knuddels.de sind vor solchen Betrügereien nicht sicher.

Stelle daher so wenig persönliche Daten ins Netz wie möglich:

☆ Keine Adresse
☆ Keine Telefonnummer
☆ Kein Geburtsdatum
☆ Kein Foto

Sonst steht irgendwann ein Fremder vor deiner Tür und baggert dich an!

Kann ich jemanden lieben, den ich nie gesehen habe?

Viele Mädchen verlieben sich beim Chatten. Ob bei dir daraus was »Ernstes« wird, weißt du aber erst, wenn der Junge vor dir steht. Vielleicht  hattest du dir sein Lachen ganz anders vorgestellt oder seinen Gang. Außerdem spielt bei der Liebe der Geruch eine wichtige Rolle. Und Düfte wabern (noch) nicht durchs Internet ...

Ich will ihn unbedingt kennenlernen!

Nachdem ihr wochenlang Mails ausgetauscht habt, wollt ihr euch endlich »im wirklichen Leben« treffen. Diese erste Verabredung mit einer Internetbekanntschaft ist natürlich extrem spannend – aber auch nicht ganz ungefährlich.

☆ Treffe dich mit dem unbekannten Jungen nur in einer Eisdiele oder einem Café, das du vorgeschlagen hast.

☆ Geh nie alleine hin. Bitte deine Mutter, deinen Vater oder deine ABF mitzukommen. Sie können sich unauffällig an einen anderen Tisch setzen, um euch zu beobachten. Damit gehst du auf Nummer sicher.

Blitztipp

www.blindekuh.de
Auf dieser Website findest du eine Menge Tipps und Tricks, wie sich Jugendliche sicher im Netz bewegen können. Die Themen reichen vom normalen »Chatten« übers »Flirten im Internet« bis hin zu »Kummer und Hilfe« bei Cybermobbing. Echt empfehlenswert – auch für deine Freundinnen!

Von fiesen Feiglingen

Es ist normal, dass Jugendliche streiten. Leider nutzen immer mehr Schüler die Möglichkeit aus, über das Internet andere zu terrorisieren, ohne selbst erkannt zu werden. Solche anonymen Täter sind nicht nur gemein – sie sind auch feige!

Cybermobbing

Jeder, der fiese Lügen oder Hänseleien auf seinem Onlineprofil entdeckt, fühlt sich elend. Es tut schrecklich weh, plötzlich ein Opfer von Cybermobbing zu sein. Am gemeinsten ist, dass auch andere die Beleidigungen lesen können. Und wenn das Opfer Pech hat, wird es bald von immer mehr Leuten gemobbt. Einfach aus Spaß am Quälen.

Warum sind Menschen so fies?

Leute, die andere mobben, sind meist sehr schwache Menschen. Sie beleidigen andere, um sich selbst dadurch besser zu fühlen. Solche Leute haben auch Angst, wenn jemand anders ist als sie. Deshalb lehnen sie Menschen ab, die eine andere Hautfarbe haben oder eine andere Meinung.

Bin ich selbst tolerant?

Tolerant sein heißt: Ich finde es in Ordnung, dass jeder Mensch anders ist. Deine Freundin zieht gerne rosa Klamotten an? Nur weil sie andere Kleidung mag als du, ist das für dich kein Grund, nicht mehr mit ihr befreundet zu sein!

Denk mal

Bevor du jemanden ver-
urteilst, geh sicher, dass
du selbst perfekt bist.

Hilfe, ich werde gemobbt!

Als Opfer bist du zum Glück nicht so hilflos, wie du denkst.

☆ Einträge im Internet verbreiten sich schnell. Wenn du dumme Dinge über dich im Netz entdeckst, solltest du sofort handeln. Erzähle unbedingt deinen Eltern oder deinem Vertrauenslehrer davon. Sie werden überlegen, bei der Polizei Anzeige zu erstatten.

☆ Du hast Angst, dass alles noch schlimmer wird, wenn du »petzt«? Wenn du aus Scham schweigst, nützt das nur den Tätern.

☆ Lösche dein Online-Profil und wechsle deine Handynummer.

☆ Antworte im Netz nicht wütend auf Beleidigungen. Sonst wirst du erst recht nicht in Ruhe gelassen. Wenn du dich nicht ärgerst, verlieren deine Mobber bald die Lust.

☆ Bitte Freundinnen, Eltern und Verwandte, möglichst viele positive Dinge über dich im Netz zu verbreiten. Das nervt Mobber, weil ihre Einträge dann schlechter zu finden sind.

Auch Stars werden beleidigt

Wusstest du, dass fast alle berühmten Leute gemobbt werden? Schauspieler und Sänger müssen im Internet oft die übelsten Dinge über sich lesen und werden mit schlimmen Schimpfwörtern beleidigt. Das finden auch die Stars überhaupt nicht lustig!

Doofe Eltern, blöde Schule?

Warum nerven meine Eltern so?

Ein fremdes Wesen wohnt bei deinen Eltern. Keine Ahnung, was in seinem Kopf vorgeht. Mal ist es schweigsam, kommt nur zum Essen aus seinem Zimmer und will am liebsten seine Ruhe haben. Mal fängt es wegen jeder Kleinigkeit an zu toben und lässt die Türen knallen. Richtig, dieses fremde Wesen bist du – natürlich nur, wenn du einen schlechten Tag hast ...

Auch Eltern müssen lernen

Deine Eltern müssen erst verstehen lernen, warum du nicht mehr ihr kleines liebes Mädchen bist.

Plötzlich bist du so kompliziert! Du hast eine eigene Meinung. Du findest nicht mehr gut, was deine Eltern sagen. Du willst nicht mehr brav Geige spielen, sondern Gitarre. Und statt fürs Ballett begeisterst du dich jetzt für Klettern. Das verwirrt deine Eltern. Natürlich freuen sie sich darüber, dass du allmählich erwachsen wirst. Aber sie haben auch Angst davor, weil sie dich immer weniger beschützen können.

Was ist nur mit Papa los?

Besonders dein Vater leidet jetzt. Er spürt, dass er bald nicht mehr deine Nummer eins sein wird. Denn er merkt, dass dir Jungs immer wichtiger werden. Das muss der Ärmste erst einmal verkraften. Am liebsten würde er seine kleine Prinzessin nämlich das ganze Leben lang vor Enttäuschungen bewahren!

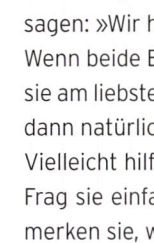

Eltern können ganz hilfreich sein – wenn du sie lässt ...

Du hast ein Problem und traust dich nicht, mit deinen Eltern darüber zu sprechen? Warum eigentlich nicht? Alle Erwachsenen waren auch einmal in deinem Alter. Sie haben nicht vergessen, wie unsicher man sich in der Pubertät fühlt. Deshalb werden dich deine Eltern verstehen und sich sogar freuen, wenn du dich ihnen anvertraust.

Meine Eltern haben nie Zeit für mich!

Ja, auch das gibt es. Genauso nervig wie Eltern, die sich ständig um dich kümmern, sind Eltern, die sich kaum Zeit für dich nehmen. Die selten sagen: »Wir haben dich lieb.«

Wenn beide Eltern viel arbeiten müssen, sind sie abends oft so müde, dass sie am liebsten nur noch vor dem Fernseher hocken. Gespräche mit dir sind dann natürlich Fehlanzeige.

Vielleicht hilft es, wenn du deinen Eltern sagst, wie alleine du dich fühlst? Frag sie einfach, ob sie Zeit für dich haben. Erzähle ihnen von dir. Nur so merken sie, wie traurig du bist!

Blitztipp

Bestimmt haben deine Eltern noch viele Fotos von sich als Teenager. Vielleicht hast du Lust, die Bilder gemeinsam mit Mama und Papa anzuschauen? Auch so kommt ihr miteinander ins Gespräch!

Immer nur Zoff

Über manche Dinge, die du tust (oder nicht tust), regen sich deine Eltern in letzter Zeit besonders auf. Dabei willst du mit ihnen eigentlich gar keinen Ärger haben. Das ständige Streiten findest du selbst nervig. Hier gibt es ein paar Tipps, wie du mit deinen Eltern besser klarkommst.

»Kannst du nicht ein einziges Mal tun, was man dir sagt?«

Stimmt, du hast schon wieder vergessen, den Müll rauszubringen. Und dein Zimmer hast du auch nicht aufgeräumt. Nie lassen dich deine Eltern in Ruhe, immer wollen sie was von dir!

Lösung: Versucht gemeinsam, einen festen Zeitpunkt abzumachen, bis wann du die Aufgabe erledigt haben sollst. Schaffst du es bis dahin nicht, dürfen dir deine Eltern etwas, auf das du ungern verzichtest, für eine bestimmte Zeit streichen. Aber nicht jammern, wenn es passiert. Denn du hast die Regel nicht eingehalten!

»Muss ich da mit hin?«

Es ist normal, dass du nicht mehr begeistert mit zu Verwandten fährst. Am liebsten bist du jetzt mit Gleichaltrigen zusammen (deine Eltern ja auch). Und Familienausflüge findest du auch nur noch selten lustig.

Lösung: Ganz ohne Familientreffen geht es nicht. Vielleicht kannst du mit deinen Eltern vereinbaren, dass du nur noch jedes zweite Mal mitmusst? Und Wandern oder Museumsbesuche machen wieder mehr Spaß, wenn in Zukunft deine ABF mitfahren darf.

»Ständig willst du was Neues zum Anziehen!«

Dein Schrank ist voll. Aber du brauchst unbedingt das pinkfarbene Top, das deiner ABF so super steht.

Lösung: Vereinbart zusätzlich zum Taschengeld ein monatliches Kleidergeld. Davon darfst du dir in Zukunft selbst deine Kleidung kaufen. Mehr bekommst du dafür von deinen Eltern nicht. So lernst du, dein Geld einzuteilen und auf größere Anschaffungen zu sparen.

»Du hockst ja noch immer am Computer!«

Oder du hängst »stundenlang« am Telefon. Oder vor dem Fernseher.

Lösung: Vereinbart feste Tageszeiten, an denen du diese Dinge tun darfst.

»Wo warst du so lange?!«

Du kommst zu spät nach Hause. 22 Uhr war abgemacht, jetzt ist es Mitternacht. Du hast nicht angerufen und dein Handy war aus. Kannst du verstehen, dass sich deine Eltern Sorgen gemacht haben?

Lösung: Wenn dir deine Eltern eine feste Zeit nennen, musst du sie einhalten. Und wenn es doch mal später werden sollte: Ruf an! Sorge dafür, dass deine Eltern wissen, wo du steckst. Sie werden dir sehr dankbar sein!

Über diese drei Dinge streite ich mit meinen Eltern besonders häufig:

1. ....

2. ....

3. ....

Geht es nicht auch ohne Regeln?

Überall, wo Menschen miteinander zu tun haben, gelten Regeln. In der Familie, unter Freunden, in der Schule, im Kino oder im Bus. Wenn sich jeder daran hält, gibt es keinen Ärger. Regeln einzuhalten gehört deshalb zum Erwachsenwerden – und vermeidet jede Menge Stress!

Ich will akzeptiert werden!

Gerade am Anfang der Pubertät haben deine Eltern noch Probleme damit, dich so ernst zu nehmen, wie du es gerne willst. Du möchtest, dass sie dir mehr zutrauen und deine Meinungen akzeptieren. Und du möchtest vor allem mehr Freiraum in deiner Freizeit haben. Aber dieses Vertrauen musst du dir erst erarbeiten.

Blitztipp

Halte dich an Regeln und Abmachungen, die du mit deinen Eltern vereinbarst. Das stärkt das Vertrauen deiner Eltern in dich. Und je mehr Vertrauen sie haben können, desto mehr erlauben sie dir.

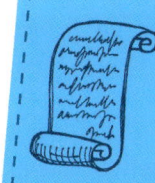

Was sind eigentlich »Erziehungsberechtigte«? Das Gesetz bezeichnet deine Eltern als »Erziehungsberechtigte«. Sie haben also das Recht, dich zu erziehen. Und sie haben die Pflicht, sich um dich zu kümmern.

Mist gebaut? So entschuldigst du dich richtig!

(auch super bei Stress mit Freundinnen)

Du hast dir Schuhe deiner Mutter ausgeliehen und dabei ruiniert. Das kann passieren. Aber jetzt ist eine Entschuldigung fällig. So klappt es am besten:

☆ Entschuldige dich ehrlich.

Dann nimmt deine Mutter die Entschuldigung auch an und ist bald nicht mehr sauer. Wenn du nur »Sorry« murmelst, um endlich in Ruhe gelassen zu werden, kommt das nicht gut an.

☆ Entschuldige dich ohne das Wörtchen »aber«.

»Es tut mir leid, aber ...«, so fangen viele Entschuldigungen an. Und dann enden sie mit einem Streit, weil deine Eltern eine Rechtfertigung als Verteidigung auffassen.

»Ich habe Mist gebaut«, reicht völlig.

Schon wieder Streit? »Pause, bitte!«

Vereinbare mit deinen Eltern folgende Regel: Falls ihr mal wieder miteinander streiten solltet, darf jeder um eine Pause bitten. Zieht euch zurück. Nach einer halben Stunde könnt ihr bestimmt ruhiger diskutieren und eine Lösung finden.

Denk mal

Wenn du dich entschuldigst, zeigst du Stärke und Selbstbewusstsein.

Bin ich wirklich so ungenießbar?

**Kreuze die Sätze an, die für dich zutreffen.
Dann erfährst du, wie »schlimm« du wirklich bist.**

- ❋ Meine Eltern erlauben mir nicht, mich mit einem Jungen zu treffen. Deshalb sage ich ihnen, dass ich zu meiner Freundin gehe, und verabrede mich heimlich mit meinem Schwarm.
- ❋ Ich will meiner Mutter nicht beim Abtrocknen helfen. Also klage ich über Kopfschmerzen, das glaubt sie immer.
- ★ Vorschriften? Kann mir mal einer erklären, warum ich mich daran halten soll?
- ❋ Ich färbe mir die Haare, ohne meine Eltern zu fragen.
- ♥ Ich schreibe Oma und Opa gerne nette Weihnachtsgrüße.
- ★ Meine Freundin bekommt mehr Taschengeld als ich. Also verhandle ich so lange mit meinen Eltern, bis ich genauso viel Geld bekomme wie meine Freundin.
- ♥ Um meine Meerschweinchen kümmere ich mich ganz alleine.
- ★ Wenn mich mein Bruder anmotzt, motze ich zurück.
- ♥ Gute Noten sind mir wichtig.
- ❋ Ich sage selten, was ich denke. Damit geht es mir am besten.
- ♥ Ich möchte, dass mich die Leute nett finden.
- ★ Ich will ins Schwimmbad, soll aber den Rasen mähen. Daher biete ich meinen Eltern an, das Mähen am nächsten Tag zu erledigen. Ganz bestimmt.

Überwiegend ♥ : Du bist (zu) brav!

Deine Eltern leben auf einer glücklichen Insel. Vielleicht bist du noch gar nicht richtig in der Pubertät. Oder du findest deine Eltern wirklich super. Wenn dich aber doch mal etwas stören sollte, sage es ihnen ruhig. Ein bisschen Rebellion können Eltern schon vertragen.

Überwiegend ✳ : Ob das lange gut geht?

Du suchst Frieden und Freiheit zugleich. Deshalb vermeidest du unnötigen Stress mit deinen Eltern und löst die Probleme auf deine Art. So erreichst du zwar oft, was du willst. Nur eines leider nicht: dass deine Eltern dir vertrauen. Respektiere deine Eltern. Dann respektieren sie auch dich.

Überwiegend ★ : Auf in den Kampf!

Du kämpfst gerne für deine Interessen. Das ist in Ordnung – obwohl es für deine Eltern verflixt anstrengend ist. Doch so wissen sie auch meistens, was dich beschäftigt und dass du ehrlich zu ihnen bist. Renne aber nicht nur gegen deine Eltern an. Höre ihnen auch zu. Sie sagen ja auch manchmal was Vernünftiges.

SchooL!

Keine Lust auf Schule?

Wahrscheinlich hattest du bisher ziemlich gute Noten. Doch seit du in der Pubertät bist, läuft es nicht mehr so gut. Wenn du aus der Schule kommst, hast du jetzt nämlich schrecklich wichtige Dinge zu tun: chatten, Musik hören, eine Modenschau vorm Spiegel. Und schon hast du das Lernen für die Bioarbeit vergessen!

Leide ich an Aufschieberitis?

Eigentlich sollst du deine Hausaufgaben selbstständig planen und erledigen. Wenn das in der Pubertät nur nicht so verflixt schwierig wäre. Schuld daran ist natürlich wieder das Chaos in deinem Teenie-Hirn. Gerade die Regionen im Kopf, die für eine gute Planung wichtig sind, sind noch nicht fertig. Deshalb machst du Hausaufgaben jetzt so oft in letzter Sekunde – oder lernst gar nicht.

Blitztipp

Lass das Lernen einen festen Teil deines Tages werden. So wie Zähneputzen. Es gehört einfach dazu. Je eher du deine Aufgaben erledigst, desto schneller hast du sie hinter dir.

Wie bekomme ich gute Noten?

Heute Mathe lernen, morgen ein Referat vorbereiten und einen Aufsatz schreiben - Schule kann richtig stressig sein. Mit ein paar guten Vorsätzen klappt es besser.

☆ Schreibe dir jeden Montag einen Lernplan für die Woche. Wenn du dir das nicht selbst zutraust, lass dir von deinen Eltern helfen.

☆ Unterteile deine Aufgaben täglich in »Muss« und »Kann«. Zuerst wird das Wichtige erledigt.

☆ Es ist gut, wenn deine Eltern von deinen Plänen wissen. So fühlst du dich verpflichtet, die Vorsätze einzuhalten.

☆ Nimm dir nicht zu viel am Tag vor. Und denke ans Wiederholen. Vokabeln lernst du übrigens super, wenn du dich von deinen Eltern jeden Abend 15 Minuten abfragen lässt. (Mit deiner ABF macht es natürlich noch mehr Spaß. Und ihr habt beide was davon.)

☆ Lass dich nicht entmutigen. Wenn du deinen Plan einmal nicht einhältst - kein Problem. Mach einfach am nächsten Tag weiter. Und auch wenn die Noten nicht sofort besser werden: weitermachen. Irgendwann kommt der Erfolg!

☆ Wer brav gelernt hat, darf am Wochenende natürlich ins Kino gehen. Oder zum Schwimmen. Fünf Tage Pauken sind genug. Nach einem ruhigen Wochenende klappt das Lernen auch wieder besser.

Ich bin ein Morgenmuffel!

Früher warst du morgens immer putzmunter. Aber jetzt kommst du einfach nicht mehr rechtzeitig aus den Federn. Selbst wenn du es dir fest vornimmst. Natürlich ist auch das mal wieder die Schuld der Hormone. Morgens schwer aufzuwachen, ist in der Pubertät normal – nur wenige erwischt es nicht.

Dein Körper kennt keinen Stundenplan

Eigentlich solltest du während der Woche früh ins Bett gehen, um am nächsten Tag fit zu sein. In deinem Alter beginnt das Einschlafsystem aber leider abends immer später anzuspringen. Deshalb bist du jetzt gerne länger wach. Und den fehlenden Schlaf will sich dein Körper morgens holen. Er weiß ja nicht, dass dein Unterricht um 7.50 Uhr beginnt!

Wie viel Schlaf brauche ich?

Schlaf ist die Zeit, in der sich dein Körper erholt. Deshalb solltest du jede Nacht mindestens 9 bis 10 Stunden schlafen. Das schaffst du, wenn du spätestens ab 21 Uhr in den Federn liegst und um 6 Uhr aufstehst. Vor dem Einschlafen solltest du besser nichts Aufregendes mehr erleben. Also lieber abends keinen Krimi oder Horrorfilm gucken. Eine gute Einschlafhilfe sind Englischvokabeln!

Aufwachen – auch ohne Wecker

Jeder Mensch hat eine innere Uhr. Sie bestimmt, ob du morgens gerne aufstehst oder ein Morgenmuffel bist. Du kannst deine innere Uhr aber ein wenig verstellen: Wenn du jeden Tag zur gleichen Zeit aufstehst, gewöhnt sich dein Körper daran.

Kann ich mich schlau schlafen?

Wenn du genug schläfst, ...

☆ ... speicherst du Gelerntes besonders gut ab.

☆ ... kannst du dich im Unterricht gut konzentrieren.

☆ ... hast du weniger Kopfschmerzen.

☆ ... bist du einfach gut gelaunt.

Blitztipp

Wie wär's mit einem Schläfchen nach der Schule? Eine halbe Stunde Schlummern bringt dich wieder in Schwung. Länger solltest du aber nicht ruhen!

Darf ich mit Musik lernen?

Tür zu, Musik an – und dann ran an die Hausaufgaben. Kann das was werden? Ja, es kann. Wenn die Musik nicht zu laut und zu hektisch ist. Gegen sanfte Schmusesongs im Hintergrund ist also nichts einzuwenden. Musik über Kopfhörer ist dagegen nicht so gut. Wusstest du, dass viele Jugendliche davon einen Hörschaden bekommen?

Mein Lieblingsfach .... ☺

Meine Lieblingslehrerin ....

Mein Lieblingslehrer ....

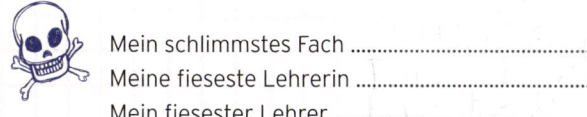

Mein schlimmstes Fach ....

Meine fieseste Lehrerin ....

Mein fiesester Lehrer ....

Spieglein, Spieglein an der Wand ...

Ich will **schön** sein!

Es ist nicht leicht, in einer Welt aufzuwachsen, in der man sich nie hübsch genug fühlt. Schön findest du immer nur die anderen, stimmt's? Denn jeden Tag bekommst du in den Medien gezeigt, wie makellos »Schönsein« auszusehen hat.

Warum schau ich jetzt ständig in den Spiegel?

In der Pubertät wird dir dein Aussehen immer wichtiger. Das hat mit dem Erwachsenwerden zu tun. Du vergleichst dich jetzt mit anderen und willst ihnen gefallen, um Freunde zu finden.

Wie werde ich so schön wie mein Lieblingsstar?

Das könnte schwierig werden. Oder hast du einen persönlichen Visagisten und schreckst auch nicht vor Schönheitsoperationen zurück? Viele Schauspielerinnen und Sängerinnen sind von Natur aus nämlich gar nicht so schön, wie wir glauben.

☆ Vor ihren Auftritten werden Stars oft stundenlang geschminkt. Du würdest staunen, wie viel Make-up Stars brauchen, um wenigstens aus der Ferne toll auszusehen.

☆ Starfotos für Zeitschriften werden gerne am Computer nachbearbeitet.

☆ Und nicht jede gerade Nase war schon von Geburt an so edel geformt.

> Absolute Schönheitskiller sind Rauchen, Alkohol, Fast Food, Süßigkeiten, zu viel Sonne und zu wenig Schlaf.

> Jeder hat Dinge, die er akzeptieren muss.
> Und jeder ist auf seine Weise schön.

Dein schönstes Make-up ist ein Lachen

Strahlende Augen und Lebensfreude machen jeden Menschen besonders attraktiv.

Test: Stell dir ein hübsches Mädchen vor, das ernst guckt. Und dann eines, das lächelt. Mal ehrlich: Mit welcher von den beiden möchtest du lieber befreundet sein?

Denk mal

Wusstest du, dass andere ein Lachen in deinem Gesicht aus hundert Meter Entfernung erkennen können?

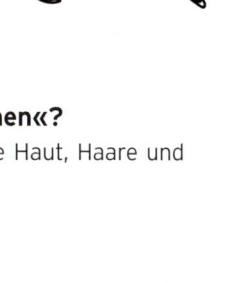

Was bedeutet »Wahre Schönheit kommt von innen«?

Wenn sich dein Körper wohlfühlt, hast du auch schöne Haut, Haare und Nägel. Deine Haut ist ein Spiegel deines Inneren.

Bist du gestresst ... bekommst du Hautprobleme.
Ernährst du dich falsch ... bekommst du Pickel.
Schläfst du zu wenig ... wirkt deine Haut blass und fahl.

Soll ich mich schon schminken?

Mit Make-up kann jedes Mädchen das Beste aus sich machen. Auch du – wenn du es möchtest. Denn niemand muss sich schminken. Das ist deine ganz persönliche Entscheidung!

Warum lästern Jungs oft über geschminkte Mädchen?

Auch wenn es Mädchen schwerfällt, das zu verstehen: Die meisten Jungs mögen keine geschminkten Mädchen. Make-up kommt ihnen zu aufgedonnert vor. Jungs mögen Mädchen lieber ganz natürlich.

Du kannst ja trotzdem gerne mal versuchen, dich zu schminken. Denk einfach daran, sparsam mit den Farben umzugehen. Was im Scheinwerferlicht bei Models super aussieht, lässt dich in der Schule schnell wie ein Malkasten wirken.

Wo bekomme ich Schminkzeug her?

Vielleicht lässt dich deine Mutter oder deine ältere Schwester ein wenig mit ihren Make-up-Utensilien üben (fragen, nicht einfach nehmen!).

Oder du besorgst dir eine eigene kleine Grundausstattung. In Drogerien findest du eine riesige Auswahl. Teure Serien sind nicht immer die besten. Greife ruhig zu preiswerten Produkten. Allerdings sollten sie gegen Allergien getestet sein.

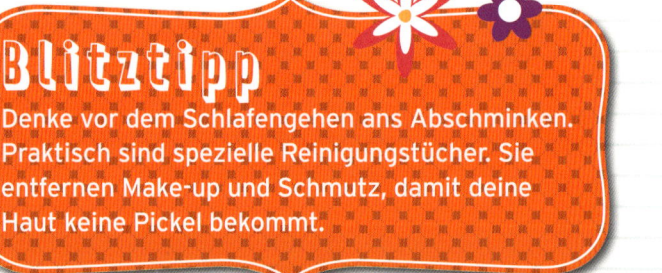

Blitztipp

Denke vor dem Schlafengehen ans Abschminken. Praktisch sind spezielle Reinigungstücher. Sie entfernen Make-up und Schmutz, damit deine Haut keine Pickel bekommt.

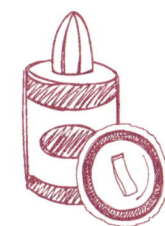

Deine drei Schritte zum ersten Make-up
Schminke dich, wenn möglich, bei Tageslicht.

1. Die Grundierung

a. Eine **leicht getönte Tagescreme** ist für dich ideal. Sie wirkt natürlich und lässt die Haut ebenmäßiger aussehen. Die Tönung soll nie dunkler als deine Hautfarbe sein, sondern fast unsichtbar in den natürlichen Hautton übergehen.

Anwendung: Trage die getönte Tagescreme auf die gereinigte Haut auf. Beginne an Stirn und Nase und lass die Tönung sanft zu den Wangen auslaufen. So entstehen keine Ränder.

b. **Transparenter Gesichtspuder** versteckt fettig glanzende Nasen.

Anwendung: Loser Puder wird mit einer Quaste oder einem dicken weichen Pinsel aufgestäubt. Nimm nicht zu viel Puder!

2. Die Modellierung

Rouge (gesprochen »Ruusch«, das bedeutet auf Französisch »rot«) lässt dein Gesicht frischer aussehen. Rouge gibt es als Puder oder Creme. Wähle einen zarten, hellen Farbton.

Anwendung: Rouge wird von der Schläfe in Richtung Wangenknochen aufgetragen. Verwende nur einen Hauch. Bei Puderrouge genügt ein zartes Wischen mit dem Pinsel.

3. Augen und Mund betonen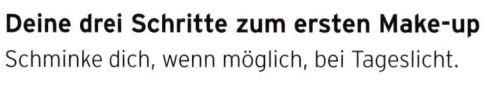

a. **Wimperntusche** (Mascara) in Braun oder Schwarz lässt deine Wimpern schön lang und dicht aussehen.

b. Nun noch ein wenig **zart schimmernder Lipgloss** – schon ist dein erstes Make-up perfekt!

Dünn wie **Barbie?**

Beneidest du Mädchen in engen Jeans, die du nicht tragen kannst? Würdest du gerne das Fett deiner Hüften spenden, das dich so unglücklich macht? In der Pubertät haben viele Mädchen Probleme mit ihrer Figur – aber meistens glauben sie nur, Probleme zu haben.

Warum sind Models so dürr?

Es ist schon fies: In den Medien werden fast nur superdünne Models gezeigt, mit Kleidergröße 34. Denn die Modemacher glauben, dass ihre neue Mode nur an solchen »Kleiderständern« schön aussieht. Schau mal genau hin. Der Körper dieser Mädchen besteht oft nur aus Haut und Knochen. Gesund ist es nicht, so dürr zu sein.

Jungs lieben es weich

Mädchen wollen vor allem dünn sein, um Jungs zu gefallen. Zu dumm, dass die meisten Jungs gar keine dürren Mädchen mögen. Freu dich über die weiblichen Rundungen, die du jetzt bekommst!

> **Dein persönliches Idealgewicht**
> Bist du in der Schule mehr aus der Puste als deine Freundinnen, wenn ihr gemeinsam die Treppen hinaufrennt? Das für dich »richtige« Gewicht hast du, wenn du körperlich fit bist und Spaß am Leben hast.

Denk mal

Sich selbst zu mögen,
ist der Schlüssel zum Glück.

Was ist eine Ess-Störung?

Manche Mädchen sind sehr unglücklich. Sie mögen ihren Körper nicht und fühlen sich zu dick, obwohl sie dürr sind. Den ganzen Tag denken sie nur noch ans Abnehmen. Für diese Mädchen ist Essen eine Qual.

Zwei Arten von Ess-Störungen sind besonders verbreitet:

Die Magersucht (Anorexie): Magersüchtige Mädchen essen fast nichts mehr. Und manche treiben Sport »wie verrückt«.

Die Bulimie (Ess-Brech-Sucht): An Bulimie erkrankte Mädchen stopfen oft heißhungrig Essen in sich hinein und übergeben sich anschließend sofort wieder heimlich. Wenn man sie darauf anspricht, streiten sie es oft wütend ab. Häufig nehmen die Mädchen auch Abführmittel, um das Essen schnell wieder loszuwerden.

Beide Krankheiten enden manchmal tödlich. Obwohl die Mädchen das wissen, können sie ihr Verhalten nicht ändern. Vielleicht hast du eine Freundin, um die du dir Sorgen machst? Ihr zu helfen, ist für dich sehr schwer. Magersucht und Bulimie muss vom Arzt behandelt werden – je schneller, desto besser!

So fühlst du dich rundum wohl!

Für eine gute Figur kannst du einiges tun. Du musst nicht einmal hungern. Wusstest du, dass Diäten sogar dick machen können? Nach einer Hungerkur legt dein Körper nämlich noch mehr Fettpolster an, um sich für neue »schlechte Zeiten« zu rüsten.

Wie viel darf ich essen?

Mädchen bis 14 Jahre verbrauchen pro Tag etwa 2000 bis 2400 Kilokalorien (das sind etwa 8000 bis 10 000 Kilojoule). Diese Menge hat man mit Süßigkeiten und Limonade schnell erreicht.

So klappt's mit dem Abnehmen

Schreibe eine Woche lang auf, wie viele Kalorien du am Tag futterst. Den Kaloriengehalt findest du meistens auf den Packungen der Lebensmittel. So bekommst du ein gutes Gefühl für deine Ernährung. Du brauchst ein bisschen Durchhaltevermögen, aber es lohnt sich.

Test

Wie viel Energie steckt zum Beispiel in 100 g ...

Wasser/Tee	0	Kilokalorien
Karotten	35	Kilokalorien
Apfel	55	Kilokalorien
Banane	90	Kilokalorien
Spaghetti	390	Kilokalorien
Schokolade	560	Kilokalorien

Denk mal

Schlafen macht schlank! Wer müde ist, nascht mehr Süßes.

Wie ernähre ich mich richtig?

Die Baustelle »Pubertät« braucht Vitamine, Mineralstoffe, Kohlenhydrate und Fette. Das klappt mit Obst, Gemüse und Vollkornprodukten sehr gut. Knochen und Zähne freuen sich über Calcium, das in Milch, Joghurt und Käse steckt. Und einen Schokoriegel oder einen leckeren Döner darfst du auch ab und zu genießen. Das Frühstück ist wichtig. Gerade nach der langen Nacht braucht dein Körper Energie für den Tag. Ganze Mahlzeiten solltest du nicht ausfallen lassen. Esse dabei lieber weniger.

Blitztipp
Trinke tagsüber viel Wasser oder ungesüßten Tee. Das tut dem Körper gut und stoppt den Hunger.

Chips, Fast Food und Energydrinks

Chips: Es ist wie verhext. Kaum ist die Tüte offen, ist sie auch schon leer. Knabberzeug schmeckt uns, weil es viel Fett und Salz enthält. Schon die ersten Menschen haben ordentlich gefuttert, wenn sie Fett und Salz in der Natur fanden. Und wir machen es leider immer noch so. Also – am besten die Tüte zulassen.

Fast Food: Ist dir schon aufgefallen, dass du fast nie alleine Hamburger essen gehst? Meist trittst du mit Freunden im Rudel auf. Gemeinsam mit Gleichaltrigen schmeckt's nämlich am besten!

Energydrinks: Sogenannte Energydrinks enthalten nicht nur viel Zucker, sondern auch sehr viel Koffein. Das belastet dein Herz. Man nimmt inzwischen an, dass einige Jugendliche durch den regelmäßigen Konsum von Energydrinks gestorben sind. Also Hände weg!

Immer hübsch in Bewegung bleiben!

Regelmäßige Bewegung ist super. Sie macht dich topfit, gesund und schön. Du musst dazu nicht mal in ein teures Fitness-Studio gehen wie die reichen Stars. Bewegung lauert überall.

Ich hasse Sport!

Kein Problem. Für deine Freizeit findest du bestimmt etwas, das dir Spaß macht. Wie wär's zum Beispiel damit, öfter den Hund eurer Nachbarn Gassi zu führen? Oder steige Treppen, statt den Lift zu nehmen. Oder nimm dein Rad, statt mit dem Bus zu fahren. Wenn du solche Dinge immer wieder machst, bist du bald topfit.

Denk mal

Wer regelmäßig Sport treibt, verbraucht auch im Ruhen mehr Kalorien. Der Körper erhöht seinen Stoffwechsel nämlich insgesamt.

Bewegung macht glücklich!

Bewegung setzt sogenannte Endorphine frei. Das sind körpereigene Glückshormone. Das Gute ist also: Je mehr du dich bewegst, desto glücklicher fühlst du dich. Wenn das kein Grund ist, sofort von der Couch zu hüpfen und dir Rollerblades anzuziehen! Gemeinsam macht Bewegung noch mehr Spaß. Suche dir mit deiner Freundin einen Song aus und denkt euch eigene Schrittfolgen (Choreografie) dazu aus. Tanzen macht schlank (besonders an Bauch und Hüfte) und gute Laune.

Wie viel Energie verbrennt eine halbe Stunde ...

Schlafen	0	Kilokalorien
Bequem sitzen	13	Kilokalorien
Klavier spielen	40	Kilokalorien
Radfahren ohne Gegenwind (10 km/h)	84	Kilokalorien
Mit dem Hund toben	90	Kilokalorien
Gymnastik treiben	150	Kilokalorien
Schwimmen 	200	Kilokalorien
Tanzen (schnell)	250	Kilokalorien

Kopf hoch, Brust raus!

Trampolinspringen hilft, eine gute Körperhaltung zu bekommen. Außerdem bringt es den ganzen Körper in Schwung. Du kennst vielleicht die großen Geräte, die in Gärten stehen. Es gibt aber auch kleine für dein Zimmer. Wäre das nicht eine Geschenkidee für deinen nächsten Geburtstag?

Schnelle Übungen für Bauch, Beine, Po:
Straffer Bauch: Tief einatmen (dabei wölbt sich der Bauch nach außen). Dann langsam alle Luft ausatmen, bis der Bauch ganz flach ist.
Schlanke Beine: Auf den Rücken legen und mit den Beinen hoch in der Luft Rad fahren.
Knackiger Po: Auf den Bauch legen, den Po abwechselnd 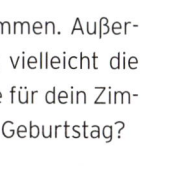 anspannen und wieder locker lassen.

Jede Übung zehnmal wiederholen.

Kleider machen Mädchen

Die Modeindustrie legt jedes Jahr neu fest, was »in« oder »out« ist. Sie lebt vom Verkaufen, nicht davon, dass jemand einen Pullover jahrelang gerne trägt. Zuerst zeigen Models die neue Mode auf dem Laufsteg und in Zeitschriften. Dann ziehen sich die Stars modisch an. Und schließlich wollen alle Leute »so« rumlaufen.

Es gehört Mut dazu, etwas anderes zu tragen als die Mehrheit. Aber wenn es dir gefällt – mach es. Du bist eben selbstbewusst und schwimmst auch mal gegen den Strom!

Wie finde ich meinen eigenen Stil?

In der Pubertät suchst du gerne deinen ganz eigenen Weg. Auch bei der Kleidung. Hier sind einige Tipps:

Tipp 1: Probiere mit deiner Freundin verschiedene Stylings aus und macht davon Fotos. Auf Bildern siehst du noch besser als vor dem Spiegel, was dir gut steht.

Tipp 2: Trage nur Kleidung, in der du dich gerne im Spiegel betrachtest. Aus dem Spiegel sollte dir keine Fremde entgegenstarren.

Tipp 3: Deine Kleidung sendet an andere ein Signal. Schwarzes Leder macht dich zum geheimnisvollen Vamp, rosa Seide zum verspielten Püppchen.

Tipp 4: Markenkleidung ist oft teuer (du zahlst die Werbung mit). Ausgefallene, günstige Klamotten findest du in Second-Hand- Shops. Oder näh dir deine Mode selbst!

Denk mal
Im typgerechten Outfit bist du viel hübscher als im neuesten Markenlook.

Überlege, wie du »rüberkommen« willst:

Mit welchem Stil fühlst du dich am wohlsten?

- ○ Sportlich
- ○ Edel
- ○ Romantisch
- ○ Rockig
- ○ Ausgeflippt
- ○ Oder : ....

»Das tragen jetzt alle so, Papa!«

Väter meckern gerne an der Kleidung ihrer Töchter herum. Deine mega-lässige Lederjacke und die aktuellen Tops findet dein Vater viel zu sexy. So viel sollen die Jungs bei dir noch gar nicht zu gucken haben!

Blitztipp

Schlage deinem Vater vor, mit dir einkaufen zu gehen (kann im Geschäft allerdings peinlich enden). Oder blättere mit ihm, wenn er gut gelaunt ist, in einem Modemagazin. Zeige ihm, was gerade modern ist. Männer sind da selten auf dem Laufenden.

Schicke Tricks und Kniffe

Ständig wechselnde Modetrends gehen ganz schön ins Geld. Doch zum Glück musst du dich nicht jedes Mal neu einkleiden, um »in« zu sein. Mit kleinen Tricks kannst du richtig Schwung in dein Aussehen bringen. Und auch nicht mehr ganz aktuelle Klamotten lassen sich auf »topmodisch« stylen.

Schals und Tücher

Bekommst du preiswert in allen aktuellen Farben. Sie peppen jedes Oberteil lässig auf. Einfach locker um Hals oder Hüfte schlingen!

Taschen

Langweilige alte Taschen kannst du besticken, mit Glitzersteinchen bekleben oder mit Stickern verzieren.

Gürtel

Egal ob aus Leder oder Metall, egal ob zu Jeans oder kurzem Rock – sichtbar auf der Hüfte getragen, sehen Gürtel richtig frech aus. Trage auch mal zwei locker übereinander!

Brillen

Du trägst Brille? Super! Brillen sind ideal, um deinen Typ zur Geltung zu bringen. Wie wär's mit einer großen, roten Fassung? Oder ganz randlos?

Schmuck

Ohrringe, glitzernde Armbänder, schicke Ringe, bunte Kettchen – das alles kannst du in Schmuckboutiquen für wenige Euros kaufen. Behänge dich aber nicht zu sehr mit Glitzerkram. Sonst siehst du aus wie ein Weihnachtsbaum auf zwei Beinen.

Spiel mit den Farben

Ist dir schon aufgefallen, dass du manchmal ganz blass und fad aussiehst? Und an anderen Tagen wirkst du frisch und strahlend? Das liegt wahrscheinlich an den Farben, die du trägst. Niemandem stehen alle Farben gleich gut!

> **Blitztipp**
> Wer einen kurzen Hals hat, sollte lange, dünne Ketten mit kleinen Anhängern wählen. Das lässt den Hals länger aussehen.

Wie finde ich heraus, welche Farben mir stehen?

Der richtige Farbtyp passt zu deiner Haut, deiner Augenfarbe und deiner Haarfarbe.

»Warm« oder »kalt«?

Besorge dir ein goldenes und ein silberfarbenes Tuch. Stell dich bei hellem Sonnenlicht vor einen großen Spiegel und breite eines der Tücher unter deinem Gesicht aus. Betrachte dein Gesicht genau. Nun tausche die Tücher aus. Schau wieder genau hin: Welche Farbe lässt dich besser aussehen? Gold (warm) oder Silber (kalt)?

Der Goldtyp: Dir schmeicheln erdige, warme Farben wie Schokobraun, Tomatenrot, Olivgrün.

Der Silbertyp: Zu dir passen alle klaren, kalten Farben. Super sind Weiß, Schwarz, Blau oder Knallrot.

Stylisten arbeiten mit viel mehr Farbtypen und Farbtüchern. Der Gold- und Silber-Test ist aber ein erster Hinweis für dich. Mit der Zeit lernst du immer besser, welche Farben dir stehen. Und wenn du weißt, was dir steht, wirst du selbstbewusster.

Mit Vollgas ins Leben
Was darf ich ab welchem Alter?

Du fühlst dich alt genug für die Disco? Und ein Tattoo wäre auch nicht übel? Was du in der Öffentlichkeit alles darfst, ist im Jugendschutzgesetz geregelt. Aber nicht, um dich zu ärgern – sondern um dich vor Gefahren zu schützen.

Meine Rechte beim Ausgehen

12

Darf ich mit 11 im Kino einen Film ansehen, der erst ab 12 Jahren erlaubt ist?

Kinder ab 6 Jahren dürfen auch Filme sehen, die ab 12 freigegeben sind – wenn ihre Eltern dabei sind. Die Mutter einer Freundin reicht also nicht als Begleitung. Kinofilme, die ab 16 Jahren erlaubt sind, darfst du immer erst ab 16 Jahren gucken. Da helfen auch anwesende Eltern nicht.

Wie lange darf ich abends im Kino bleiben?

Kinder unter 14 Jahren müssen das Kino um 20 Uhr verlassen.
Jugendliche unter 16 müssen das Kino um 22 Uhr verlassen.

Darf ich schon in die Disco?

Bis zu deinem 16. Geburtstag darfst du nur in die Disco, wenn dich ein Erziehungsbeauftragter begleitet. Das sind entweder deine Eltern – oder ein Erwachsener, dem deine Eltern erlaubt haben, dich mitzunehmen.

Darf ich zum Konzert meiner Lieblingsband?

Jugendliche ab 16 Jahren dürfen Konzerte ohne Einschränkung besuchen. Für Jüngere regelt der Veranstalter, ob sie alleine oder nur gemeinsam mit Erziehungsbeauftragten hindürfen. Also schau vor dem Bestellen der Karten im Internet nach!

Im Jugendtreff der Stadt steigt eine Party. Wie lange darf ich mitfeiern?

Veranstaltungen der Gemeinde, der Kirche oder eines Vereins dürfen Kinder unter 14 Jahren alleine bis 22 Uhr besuchen.

Wie lange darf ich abends draußen sein?

Es ist alleine die Entscheidung deiner Eltern, wie lange du abends mit Freunden auf der Straße sein darfst. Bis du 14 Jahre alt bist, ist während der Woche 19 bis 20 Uhr eine vernünftige Zeit. Du sollst am nächsten Tag ja wieder fit für die Schule sein. Am Wochenende kann es etwas länger werden. Aber deine Eltern sollten immer wissen, wo du bist.

Übrigens
Unter 14 Jahren ist man vor dem Gesetz ein Kind.
14- bis 17-Jährige sind Jugendliche.
Ab 18 Jahren gilt man als Erwachsener.

Ab wann darf ich rauchen?

Der Verkauf oder das Verschenken von Tabak an Kinder und Jugendliche ist nicht erlaubt. In der Öffentlichkeit dürfen nur Erwachsene ab 18 Jahren rauchen. Das gilt auch für Wasserpfeifen (Shisha oder Blubber), die mit Fruchttabak gefüllt sind. Auch wenn das Zeug lecker nach Apfel oder Erdbeere schmeckt!

Ab wann darf ich Alkohol trinken?

Unter 14 Jahren ist jeder Tropfen Alkohol verboten – auch süße Mixgetränke mit Bier oder Wein. Das gilt auch für deine private Party. Wenn ihr trotzdem heimlich trinkt, können deine Eltern angezeigt werden.

Darf ich schon Sex haben?

Unter 14 Jahren ist Sex verboten. Sogar, wenn du es selbst möchtest. Wenn ein Junge vor deinem 14. Geburtstag mit dir schläft, können deine Eltern Strafanzeige gegen ihn erstatten.

Ab wann darf ich mich piercen lassen?

Piercing und Tattoos sind rechtlich gesehen eine mutwillige Verletzung deines Körpers. Unter 16 Jahren ist deshalb beides verboten – selbst wenn deine Eltern zustimmen wollen. Ab 16 Jahren brauchst du die Erlaubnis der Eltern, mit 18 Jahren darfst du alleine entscheiden.

Ab wann darf ich mir die Haare färben (lassen)?

Erst nach deinem 16. Geburtstag. Diese Regelung wurde eingeführt, nachdem in Großbritannien ein Junge auf chemische Haarfarbe mit einem allergischen Schock reagierte.

Ab wann darf ich alleine zu Hause bleiben?

Es gibt kein Gesetz, das regelt, ab welchem Alter du alleine (oder mit Freunden) zu Hause bleiben darfst. Das ist die Entscheidung deiner Eltern. Sie haben die Aufsichtspflicht und müssen dafür sorgen, dass dir nichts Schlimmes passiert und du selbst nichts anstellst.

Müssen meine Eltern an meiner Zimmertür anklopfen?

Das regelt kein Gesetz, sondern die Höflichkeit dir gegenüber. Besonders deine Mutter kann sich vielleicht nur schwer daran gewöhnen, dass du jetzt oft deine Ruhe haben willst. Als du kleiner warst, stand deine Zimmertür ja meistens offen. Anzuklopfen müssen deine Eltern also erst lernen.

Blitztipp

Bitte draußen bleiben!
In der Pubertät möchtest du dich abgrenzen können. Eltern sollten die Privatsphäre ihrer Kinder deshalb respektieren und Kinderzimmer nicht ohne Vorwarnung »stürmen«.
Bastle zwei Schilder für deine Tür und bitte deine Eltern, sie in Zukunft zu beachten:
»Bitte nicht stören« - ich will meine Ruhe haben.
»Bitte anklopfen« - ich habe nichts gegen einen Besuch, will aber nicht überrascht werden.

Je älter du wirst, desto mehr staunst du darüber, wie viel Monat jedes Mal am Ende deines Taschengeldes noch übrig ist. Kinobesuche, Süßigkeiten, Glitzerschmuck – das alles zieht dir schnell die Scheinchen aus der Tasche. Und dann ist da noch das T-Shirt, das du unbedingt haben musst ...

Wie viel Taschengeld steht mir zu?

Es gibt kein Gesetz, das Eltern zwingt, ihren Kindern Taschengeld zu geben. Jugendämter empfehlen aber folgende Beträge:

8-9 Jahre: 2 - 2,50 Euro in der Woche
10-11 Jahre: 13 - 15 Euro im Monat
12-13 Jahre: 18 - 20 Euro im Monat
Deine Eltern sollten dir das Taschengeld immer pünktlich und regelmäßig geben.

Denk mal

Mit deinem Taschengeld kannst du super üben, verantwortungsvoll mit Geld umzugehen. Wenn du erwachsen bist, wird auch nie unendlich viel Geld da sein.

Wofür darf ich mein Taschengeld ausgeben?

Dein Taschengeld gehört dir. Also darfst du damit machen, was du willst. In vielen Familien gibt es aber einige sinnvolle Regeln:

☆ Schulsachen kaufen deine Eltern. Doch was du verlierst, musst du ersetzen.

☆ Ein Teil des Taschengeldes wandert in eine Spardose. So fällt es dir leichter, Geld für größere Wünsche anzusparen.

Dein persönlicher Taschengeldplaner

Notiere in einem Heft alle Einnahmen und Ausgaben. So bekommst du einen guten Überblick, wofür du dein Geld ausgibst.

Vergiss bei den Einnahmen nicht, auch Geldgeschenke einzutragen, die du zu Geburtstagen, Feiertagen oder einfach mal zwischendurch von deinen Großeltern und anderen Verwandten bekommst.

Wofür gebe ich das meiste Geld aus? ....
Auf was möchte ich sparen? ....
Wie viel Geld könnte ich jeden Monat sparen? .... Euro

Wie bessere Ich mein Taschengeld auf?

Ab deinem 13. Geburtstag erlaubt dir das Jugendschutzgesetz, dass du für fremde Leute arbeiten darfst. Dabei sind leichte Tätigkeiten wie Babysitten, Hunde ausführen, Einkäufe erledigen oder Werbeblätter austragen möglich.

Blitztipp

Frage deine Eltern, ob du dein Kinderzimmer »entrümpeln« darfst. Alte Bücher und Spielsachen könnt ihr zum Beispiel auf einem Flohmarkt anbieten. Diese Methode, an Geld zu kommen, funktioniert allerdings nur einmal ...

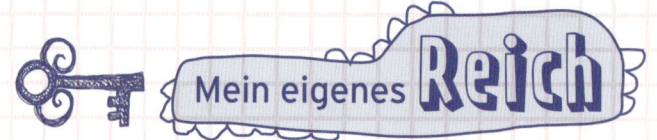

Mein eigenes Reich

Irgendwann passiert es: Die alte Einrichtung deines Zimmers nervt dich einfach tierisch. Sie erinnert dich an Puppenspielen und Topfschlagen und Gutenachtgeschichten hören – aber jetzt bist du kein kleines Kind mehr.

Selbst ist das Mädchen!
Auch ohne viel Geld kannst du eine Menge tun, um dich in deinem Zimmer wieder rundum wohlzufühlen.

Tipp 1: Raus mit dem Kinderkram! Entrümple alle Schränke und Regale von Spielzeug, alter Kleidung und allem, was dich sonst noch stört. Überlege mit deinen Eltern, was ganz weg kann oder in Kisten im Keller aufbewahrt werden soll.

Tipp 2: Hänge einen großen Spiegel auf. Erstens kannst du dich darin in Zukunft von Kopf bis Fuß bewundern. Zweitens lassen Spiegel jedes Zimmer geräumiger aussehen. Falls du wenig Platz an der Wand hast – es gibt Spiegel zum Aufkleben für die Innentür.

Tipp 3: Wie wär's mit Postern deiner Lieblingsstars an der Wand? Oder gestalte eigene Bilder, wenn du Lust dazu hast. Dadurch wird dein Zimmer noch persönlicher.

Tipp 4: Dekoriere Möbel und Wände mit Tüchern in deinen Lieblings-farben. Super ist auch ein Vorhang für dein Bett, damit du dich in deiner Höhle verkriechen kannst.

Tipp 5: Wünsch dir zum nächsten Geburtstag coole Bettwäsche.
Welche Farbe soll deine Bettwäsche haben?

....

Tipp 6: Für besondere Stimmung sorgen viele kleine Lämpchen oder
farbige Glühbirnen. Auch Kerzen sind schön. Wenn deine Eltern dagegen
sind (denk an das Chaos im Teeniehirn): Es gibt ungefährliche LED-Kerzen,
die sogar gemütlich flackern.

Tipp 7: Frage deine Eltern, ob du deine langweiligen braunen Möbel
streichen darfst. Weiß oder schwarz sieht immer edel aus. Und wie wär's
mit apfelgrün? Oder sonnengelb?

Tipp 8: Ideen abgucken: Schau dich mal in den Zimmern deiner Freunde
um. Oder suche in Zeitschriften nach trendigen Einrichtungstipps. Zeitschriften gibt's kostenlos zum Ausleihen in der Bücherei.

Das möchte ich noch verändern:

....

....

....

Fertig! Dein neues Zimmer darf natürlich gefeiert werden. Vielleicht hast
du Lust auf eine kleine Einweihungsparty mit deinen Freundinnen?

Stell dir vor: Du könntest dich in deinem Zimmer verkriechen, solange du möchtest. Bis zum Ende dieser seltsamen Pubertät. Bis die Hormone in deinem Körper nicht mehr alles so schrecklich durcheinanderwirbeln. Bis du keine Zahnspange mehr tragen musst und aussiehst wie ein Filmstar. Bis die Schule vorbei ist. Und bis dein Gehirn mit 20 Jahren endlich wieder »normal« funktioniert.

Ja, verkrümeln wäre super. Oder – doch nicht?

Vermutlich wäre dir bald stinklangweilig. Sogar die Schule würde dir fehlen. Und die Streitereien mit deinen Eltern. Denn das Versöhnen danach ist doch immer wieder schön.

Auch Traumprinzen schauen eher selten in verschlossenen Mädchenzimmern vorbei. Dafür wartet irgendwo da draußen bestimmt ein Junge genau auf dich.

Also – steck deine niedliche Nase vor die Tür und stürze dich ins Abenteuer!

Natürlich wird dir nicht alles gefallen, was passiert. Im Leben läuft nie alles perfekt. Und schon gar nicht während der Pubertät. Aber dafür hast du ja Freundinnen. Wenn es mal wieder richtig übel kommt, dann heule mit ihnen – bis du wieder lachen kannst.

Denk mal

Gib jedem Tag die Chance, der schönste deines Lebens zu werden.

Mark Twain

Hinfallen. Aufstehen. Krone richten. Weitergehen.

So machen es stolze Prinzessinnen. Und so schaffst du auch die Sache mit dem Erwachsenwerden spielend.

Sei neugierig auf die Welt.
Denn alles im Leben hat zwei Seiten – suche einfach die guten.

Viel Spaß dabei!

Leben

Glossar

Adoleszenz: Die Zeit, in der man zum Erwachsenen heranwächst. Sie dauert etwa vom 10. bis zum 20. Lebensjahr.

Aufsichtspflicht: Die Pflicht zur Beaufsichtigung von Kindern und Jugendlichen. Sie gilt zum Beispiel für Eltern und Lehrer. Wer dieser Pflicht nicht nachkommt, muss nach einem Unfall oder einer Straftat des Kindes dafür Schadenersatz leisten.

Clique: Eine kleine Gruppe von Menschen mit starkem persönlichem Zusammenhalt. Oft haben sie gleiche Ziele, Interessen und Wertvorstellungen und schotten sich nach außen ab. Dies vermittelt ein Gefühl von Geborgenheit.

Cybermobbing: Gezielte böswillige und wiederholte Handlungen im Internet, die eine Person beleidigen und verletzen sollen.

Eierstöcke: Weibliche innere Geschlechtsorgane, in denen Keimzellen (Eier) und Geschlechtshormone gebildet werden.

Endorphine: Substanzen, die im Körper selbst gebildet und vor allem bei Stress freigesetzt werden. Sie wirken schmerzstillend.

Erziehungsbeauftragter: Person über 18 Jahre, die von einem Erziehungsberechtigten über einen festgelegten Zeitraum das Recht zur Erziehung erhält.

Erziehungsberechtigter: Person über 18 Jahre, die alle Rechte und Pflichten der elterlichen Sorge ausübt.

Flirt: Spielerische Form der Partnerwahl durch Gesten, Blicke und scherzhafte Worte.

Geschlechtsreife: Zeitpunkt, zu dem alle inneren und äußeren Geschlechtsmerkmale voll entwickelt sind. Bei Mädchen ist dies normalerweise ab dem 13. bis 15. Lebensjahr der Fall.

Hirnanhangdrüse: Kirschgroßes Gebilde im Gehirn, das Hormone ins Blut abgibt. Durch sie werden viele Organfunktionen gesteuert.

Hormone: Körpereigene Stoffe, die schon in winzigen Mengen wirken. Sie beeinflussen zum Beispiel das Wachstum und die Fortpflanzung.

Jugendamt: Für alle Angelegenheiten der Kinder- und Jugendhilfe zuständige Behörde. Sie gibt unter anderem Tipps zur Erziehung in der Familie.

Jugendschutzgesetz: Das »Gesetz zum Schutz der Jugend in der Öffentlichkeit« regelt den Aufenthalt von Kindern und Jugendlichen an Orten mit Gefahren für ihr geistiges, seelisches oder körperliches Wohl. So ist zum Beispiel der Besuch eines Nachtclubs unter 18 Jahren generell verboten.

Kilojoule: Internationale Maßeinheit für Energie, auch für den Energiegehalt von Nahrungsmitteln. Abkürzung kJ.

Kilokalorien: Veraltete Maßeinheit für Energie, die noch auf Packungen von Nahrungsmitteln angegeben wird. Abkürzung kcal. 1 Kalorie entspricht 4,18 Joule.

Kohlenhydrate: Teile der Nahrung, die aus Zuckermolekülen bestehen. Sie enthalten sehr viel Energie.

Östrogen: Eine Gruppe von Sexualhormonen, die vor allem in den Eierstöcken gebildet werden.

Prämenstruelles Syndrom (PMS): Beschwerden, die regelmäßig einige Tage vor der Monatsblutung auftreten. Die Beschwerden reichen dabei von Reizbarkeit bis zu Gewichtszunahme.

Privatsphäre: Der Bereich, in dem man sein Leben ungestört gestalten möchte.

Toleranz: Die Haltung, andere Anschauungen, Sitten oder Gewohnheiten auch dann gelten zu lassen, wenn man sie für falsch hält.

Bildnachweis

© Fotolia: blue67, dip, Kara-Kotsya, m_yulia, vectorgirl

Es wurde jede Anstrengung unternommen, die Bildnachweise korrekt zu erstellen und die Copyright-Inhaber aller Bilder zu ermitteln. Der Verlag entschuldigt sich für alle unvollständigen Angaben und wird gegebenenfalls Korrekturen in zukünftigen Ausgaben vornehmen.

© 2014 arsEdition GmbH, München
Text: Lydia Hauenschild
Layout und Illustrationen: Petra Schmidt, München, www.elektrolyten.de

Alle Rechte vorbehalten
ISBN 978-3-7607-9863-9

www.arsedition.de